リニア開通――そして、その先へ

2027

日本を変える
すごい会社

東洋経済新報社 編集委員
田宮寛之

自由国民社

はじめに

私がこの本を書いたのは「五輪後不況も新型コロナも心配ない。日本経済はこれからも成長し続ける。そして、日本には日本を支える優良企業がたくさんある」と述べたかったからだ。

２０１３年に東京五輪開催が決定してから、「五輪までは景気がいいが、その後で不況になる」という悲観論を何回も聞いた。悲観論者の話しを聞いてみると、彼らは気分で意見を述べているだけで論理的根拠を持たない。そこで、私は過去の五輪開催国について調べてみることにした。すると「五輪後不況」に論理的根拠はなかった。むしろ、経済力のある先進国が五輪を開催すると、その国の経済成長は加速する。96年の米国（アトランタ大会）や２０１２年の英国（ロンドン大会）が良い例だ。

ただ、今回は新型コロナの問題がある。コロナ禍の日本経済への影響を心配する人はたくさんいる。「コロナで世の中は変わった。もうコロナ以前には戻れない」と言う意見もよく聞く。

しかし、私は新型コロナ感染で世界が本質的に変化することはないと思う。コロナ感染が始まってから、よく引き合いに出されるスペイン風邪を例にとって説明しよう。スペイン風邪が流行したのは第一次世界大戦末期の１９１８年から１９２０年にかけてだ。

当時の世界人口は19億人。それに対してスペイン風邪による死亡者は５０００万人。全人口の２・６%の人たちが亡くなったことになるが、「ウィズ・スペイン風邪」「アフター・スペイン風邪」などと言った人がいただろうか。もし、スペイン風邪で世界が変わったのならば、その20年後に第二次世界大戦が起きただろうか。

第一次世界大戦とは世界を巻き込んだ大惨事だったが、人類はその20年後にさらに大きな惨事を引き起こした。同じ過ちを繰り返したのだ。人類はスペイン風邪から何も学ばなかったし、スペイン風邪で社会の本質は全く変化しなかった。

今回のコロナ禍では世界人口78億人に対して死亡者は４２０万人。全人口の０・05%に過ぎない（２０２１年７月現在）。言うまでもなく、人が亡くなるのはたいへんなこと。家族や友人に与える影響は甚大だ。しかし、今のところ社会が一変するほど死亡者が多いわけではない。コロナ禍によるパラダイムシフトはあり得ない。

「リニア新都市圏」の誕生

これまで東京五輪に対して賛否両論あったが、それでも2020（2021）年の東京五輪を意識して世の中は動いていた。今後は何を意識して、何を目標に進んでいくのだろうか。

それは2027年のリニア中央新幹線開通だ。リニア中央新幹線により東京と名古屋がわずか40分で繋がる。今より1時間も短縮されることで、「リニア新都市圏」とも呼ぶべき新しい巨大な経済圏が誕生する。人口5500万人、経済規模270兆円の巨大都市圏の中でヒト・モノ・カネが動いて経済が活性化し、海外からもヒトや投資を呼び込み、さらに経済が拡大する。そしてその効果は日本全体に波及する。こうした経済活動を支えるのは日本の優良企業群だ。日本には有名企業だけでなく、無名でもすごい優良企業がたくさんある。

現在、東京と名古屋では多くの大規模再開発工事が進行中だが、2027年にはほぼ完成して街が生まれ変わっている。五輪を終えた日本はこれから2027年を目指して進むが、2027年はゴールではなく、新たなスタートの年なのだ。2027年の先には明るい未来が待っている。

本書では、第1章で五輪と景気の関係、「リニア新都市圏」の概要などについて解説し、第2章から第6章では、これからの日本を支える有望成長企業を紹介する。読み終えた時には明るく、前向きな気持ちになっていることだろう。

目次

2 生産年齢人口の減少に対応する企業

3 地味だが急成長のコインランドリー

第1章

これから日本は
2027年を目指す

五輪後は不況というデマ

東京五輪が終わった。日本全体に虚脱感が漂っていることに加えて、景気低迷への不安も高まっている。五輪後に日本が不景気になると決めつけている人が多いが、それは大きな間違いだ。実は「五輪後に不況になる」という意見を裏付けるデータはない。

過去の五輪開催国における五輪後の経済状況を検証してみよう。１９９２年のバルセロナ五輪以降、２０１６年のリオデジャネイロ五輪まで７大会あったが、五輪開催翌年に実質ＧＤＰ成長率がマイナスになったのは１９９２年開催国のスペインだけだ。他の６大会の開催国は五輪開催翌年の成長率がプラスとなっている。

そのスペインについても、五輪の反動で景気が後退したとは言い切れない。１９９２年は英国ポンド暴落をきっかけとしたヨーロッパ通貨危機という状況にあり、主要国が金利を引き上げた。このため、１９９２年以降はヨーロッパ全域の景気が低迷したのだ。

もし、ヨーロッパ通貨危機がなければ１９９３年のスペインのＧＤＰは前年比プラスになっていたかもしれない。１９９４年は２・３％のプラスとなっている。

次にバルセロナ大会以外の６大会後の開催国の景気動向について見てみよう。各国のケー

夏季五輪開催国の実質GDP成長率

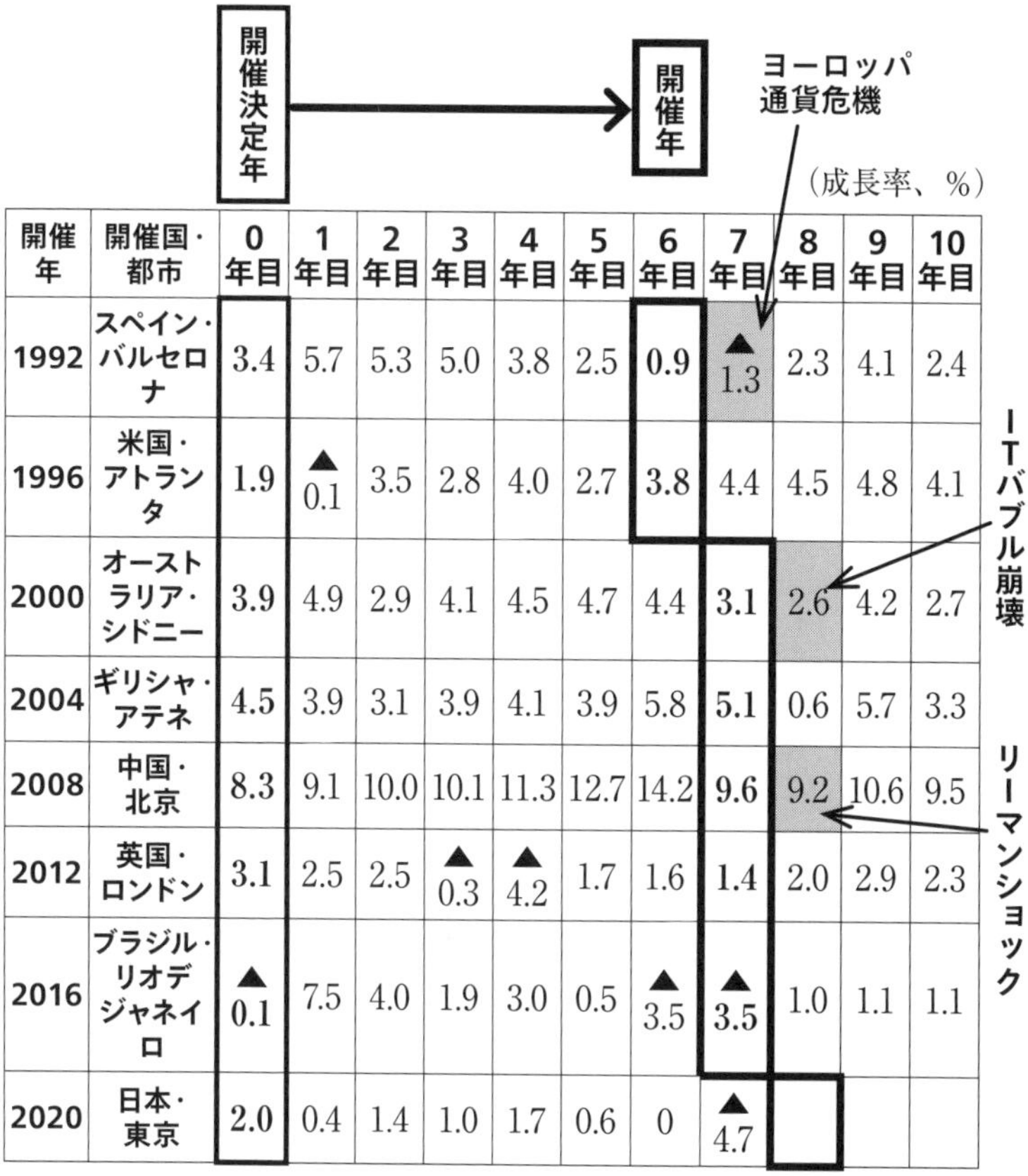

（成長率、％）

開催年	開催国・都市	0年目	1年目	2年目	3年目	4年目	5年目	6年目	7年目	8年目	9年目	10年目
1992	スペイン・バルセロナ	3.4	5.7	5.3	5.0	3.8	2.5	**0.9**	▲1.3	2.3	4.1	2.4
1996	米国・アトランタ	1.9	▲0.1	3.5	2.8	4.0	2.7	**3.8**	4.4	4.5	4.8	4.1
2000	オーストラリア・シドニー	3.9	4.9	2.9	4.1	4.5	4.7	4.4	**3.1**	2.6	4.2	2.7
2004	ギリシャ・アテネ	4.5	3.9	3.1	3.9	4.1	3.9	5.8	**5.1**	0.6	5.7	3.3
2008	中国・北京	8.3	9.1	10.0	10.1	11.3	12.7	14.2	**9.6**	9.2	10.6	9.5
2012	英国・ロンドン	3.1	2.5	2.5	▲0.3	▲4.2	1.7	1.6	**1.4**	2.0	2.9	2.3
2016	ブラジル・リオデジャネイロ	▲0.1	7.5	4.0	1.9	3.0	0.5	▲3.5	**▲3.5**	1.0	1.1	1.1
2020	日本・東京	2.0	0.4	1.4	1.0	1.7	0.6	0	▲4.7			

（みずほ総合研究所の資料を基に筆者が作成）

スは①ＧＤＰ成長率が縮小、②ＧＤＰ成長率が拡大の２パターンに分けられる。

①２０００年開催国のオーストラリア（シドニー大会）と２００８年開催国の中国（北京大会）の場合、五輪翌年のＧＤＰ成長率が縮小した。しかし、２０００年はＩＴバブル崩壊、２００８年はリーマンショックで世界経済が冷え込んだという特殊要因がある。成長率縮小の原因が五輪だけにあるとは言えないのではないか。

２００４年開催国のギリシャ（アテネ大会）の場合は、世界的な経済危機がなかったにも関わらず、開催翌年のＧＤＰ成長率が縮小した。これは建設投資の減少が原因だ。ギリシャはインフラが未整備だったため、五輪前に建設投資を急拡大させた。その反動で五輪後に経済成長が減速したのだが、それでもプラスを維持し、翌々年の２００６年にはプラス５・７％と大きく伸びている。

②２０１６年開催国のブラジル（リオデジャネイロ大会）は、開催年の２０１６年にＧＤＰがマイナスとなり、翌年にはプラスに転じた。マイナスの要因は２００３年から続いた左翼政権の経済運営失敗と主要輸出品である鉄鉱石市況の下落だ。しかし、２０１６年に左翼の労働者党のルーセフ大統領が罷免されて、中道政党であるブラジル民主運動党出身のテメ

ル氏が大統領に就任し、金融緩和など経済改革に取り組んだ。その結果、２０１７年のＧＤＰはプラス１・０％となった。要するに、五輪とブラジル経済の動きには関係がなかったのだ。

そして、ブラジルを除くと成長率が拡大したのは米国（アトランタ大会）と英国（ロンドン大会）であったことに注目していただきたい。どちらも経済の成熟した先進国だ。開催前の時点で既に社会インフラは整っていたので、五輪のために過剰な建設投資を行わなかった。そこで、閉会後に大きな反動がなかったのだ。

東京大会後の日本も米国、英国と同じパターンになるだろう。１９６４年の東京五輪閉会後に日本が不況に陥ったのは五輪前の過剰投資が原因だ。前回の東京五輪の大会総経費は約１兆円。これは当時の国家予算の30％に当たる。

これを現在にあてはめてみよう。２０２１年度一般会計予算は１０６兆６０９７億円なので、五輪に31兆９８００億円を使うことになる。これだけ莫大な予算をかけて事業を行えば、反動が起きるのは当然だ。（今回の五輪予算は１兆６４４０億円で、一般会計予算に対する比率は１・５％）

それでは当時の日本はどのようなことに予算を使ったのだろうか。国立代々木競技場や日本武道館などの競技場を新設したのはもちろん、東海道新幹線を五輪開幕の9日前に開通させた。羽田空港ターミナルビル増築や東京モノレールの建設を行い、首都高速道路も開通させた。

東京の青山通りは道幅が40メートルもあり、良く整備されたきれいな通りとして人気があるが、現在の姿になったのは東京五輪前年の１９６３年だ。それまでは道幅が20メートルだったが、青山通りが東京五輪のメインスタジアムとなる国立競技場と主要な関連施設を結ぶ道路であるため拡幅整備を行ったのだ。

さらに、民間部門でも五輪に誘発された投資が行われた。例えば、世界的レベルの高級ホテルの建設が行われたのもこの時期だ。

前回の五輪後は官民合わせた莫大な投資の反動で不況に陥ったが、今回の五輪向け投資は現在の国力と比較すると小規模だ。例えば、国立競技場は建て替えたが、日本武道館や東京体育館、国技館など既存施設も活用する。交通インフラ整備で大きなものはない。

「山低ければ、谷浅し」。五輪向け投資の反動で２０２２年に日本経済が低迷する理由はどこにもない。「五輪後に不況になる」という意見には根拠となるデータがないのだ。前回の東京五輪（１９６４年）の後に日本経済が不況に突入したから、何となく今回もそうなると思い込んでいる人が多いに過ぎない。私は五輪以降も経済成長が継続すると予想する。

東京～名古屋間40分のインパクト

２０１３年9月に東京への五輪招致が決定して以来、五輪は常に話題の中心であり続けた。開催に向けた準備は着々と進められ、五輪関連ビジネスは徐々に盛り上がり、コロナ禍で１年延期となったが国民の五輪への関心は高かった。

新型コロナ感染前は２０２０年を、コロナ蔓延後は２０２１年を目指して社会全体が進んできたと言える。

それでは、これから何を目標に進んでいくのか。

それは２０２７年のリニア中央新幹線開通だ。リニア中央新幹線は２０２７年に東京（品川）～名古屋間で開通する。

リニア中央新幹線の日本経済へのインパクトを説明する前に、リニア中央新幹線の概要について説明しておこう。リニア中央新幹線とはＪＲ東海が運営する新幹線で、超伝導浮上（超伝導リニア）方式で走行する。ちなみに「リニア中央新幹線」は通称であり、正式名称は「中央新幹線」だ。

最高速度は時速５０５キロメートル。路線総延長は東京～大阪間の４３８キロメートルだが、２０２７年に東京~名古屋間の２８６キロメートルが先行開通する。中間の停車駅は神奈川駅、山梨駅、長野駅、岐阜駅の４つ。

現在、東京~名古屋間は新幹線のぞみで約1時間40分だが、リニアに乗れば40分でつながる。40分と言えば通勤圏内だ。従来よりも1時間早く移動できることは日本社会全体に大きな影響を与える。実際の距離に変更はないが、東名間の社会的、心理的な距離は大きく縮まり、「リニア新都市圏」とも言うべき１つの巨大都市圏が出来上がるのだ。「リニア新都市圏」の誕生は日本の経済力を増強する。

東京の人口は１４０６万人だが、千葉・神奈川・埼玉を加えた東京圏では３６９４万人。愛知に岐阜、三重を加えた名古屋圏では１１３０万人。さらに東京と名古屋の間には地方都市圏の山梨（81万人）、長野（２０５万人）、静岡（３６４万人）がある。

２０２７年のリニア開通によって、東京圏と名古屋圏とその中間地域圏が統合されて人口約５５００万人、経済規模約２７０兆円の新しい都市圏が誕生することになる。世界ＧＤＰランキングで見ると7位フランスと8位イタリアの中間にあたる規模だ。

（※人口は総務省の令和2年国勢調査、経済規模は内閣府の平成18~30年度県民経済計算を基に算出）

静岡県の方針によりリニア建設工事は遅れているが、リニア中央新幹線は国策であるし、静

リニア路線図

岡県以外では工事が着々と進んでいる。日本経済を引っ張る巨大プロジェクトであり、静岡県以外の沿線自治体は開通に大きな期待を寄せている。

静岡県を除くリニア沿線の９都府県でつくる「建設促進期成同盟会」の会長を務める大村秀章・愛知県知事が「東京から大阪までの沿線自治体の総意として、２０２７年度に必ず開業していただきたい」と述べているほどだ。

実際にリニア開通が大きく遅れることはないだろう。日本においてこれほど大きなプロジェクトが工事途中で止まったことは過去にない。

ハイブリッド型都市圏が誕生

都市圏の規模が大きければいいというものではない、と思われる読者もいるだろう。また、ストロー効果で名古屋の人口や富の蓄積が東京に吸い取られてしまうことを懸念する読者もいるだろう。しかし、東京と名古屋という異なる特性を持つ都市の合体は、新たなハイブリッド型の都市圏となる可能性が高い。

東京圏には商業やサービス・金融に強いという特徴がある。一方、名古屋圏は製造業に強

リニア新都市圏のイメージ

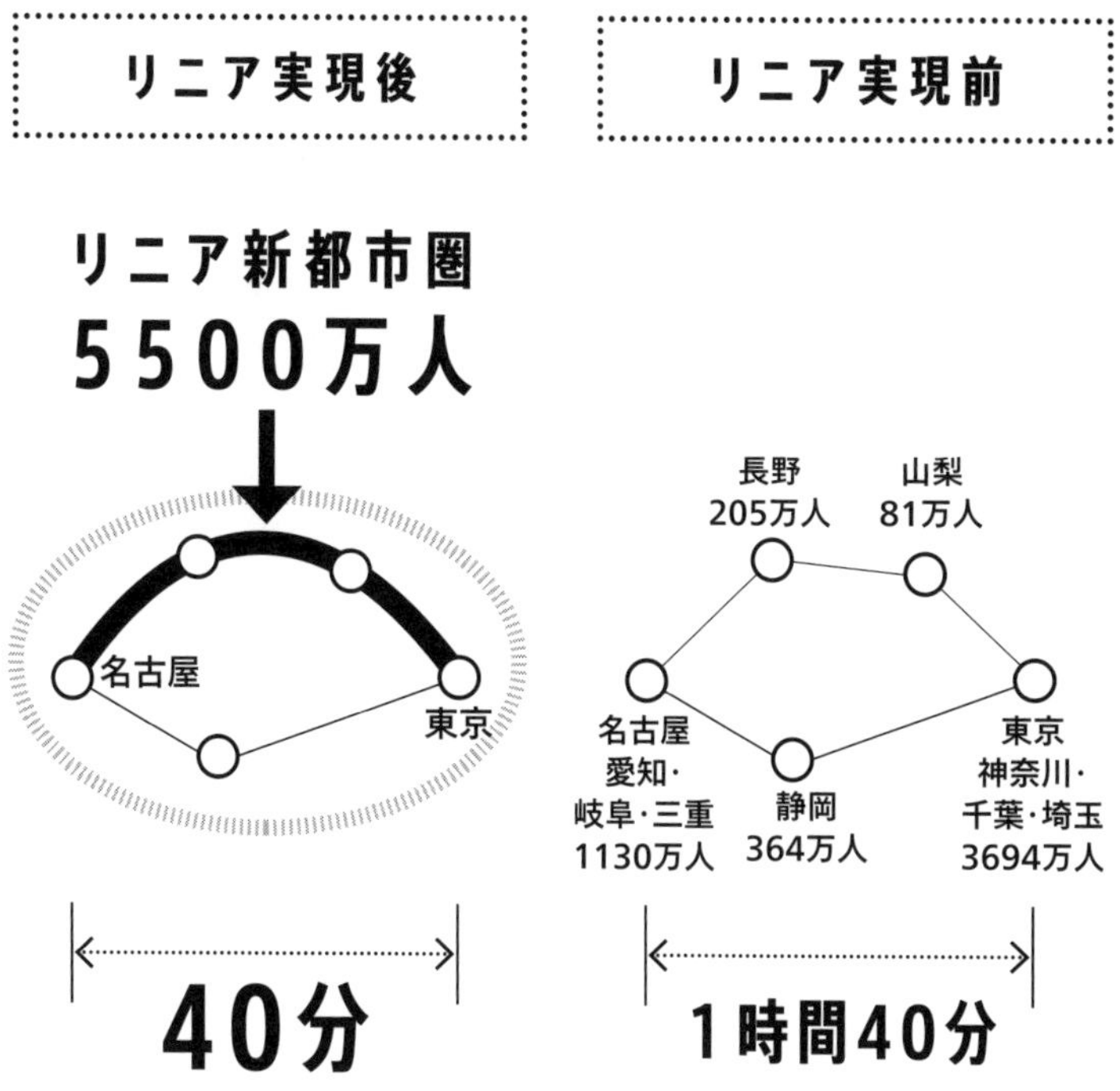

（「令和２年国勢調査」（2020 年）に基づき作成）

い。トヨタ自動車とそのグループ企業や取引先企業がモノ作り帝国を築き上げている。産業構造の異なる両者が、お互いの長所を活かして補完し合えばさらに成長することができるだろう。

東京側から見れば、名古屋の製造インフラを活用できるようになるし、名古屋側から見れば、東京のサービス・金融ノウハウを活用することでビジネスの発展が見込める。

さらに東京にとって大きなメリットは愛知県にある中部国際空港（セントレア）を使用できるようになることだ。東京は世界有数の巨大都市であるにもかかわらず、国際空港のキャパシティが小さい。成田空港は騒音規制のため23時から翌朝6時まで使用できないし、羽田空港は２０２０年3月に五輪を見越して国際便を大幅に増やしたが十分とは言えない。

東京から名古屋まで40分で行けるとなれば、東京圏に在住でも中部国際空港を使う人が増えるだろう。

現在、東京駅から成田空港までは成田エクスプレスで1時間かかる。リニア開通後に東京から中部国際空港へ行くには、まず東京駅から名古屋まで40分、名古屋から名古屋鉄道のミュースカイを利用すると30分、合計で70分だ。東京〜成田空港と東京〜中部国際空港の所要時間に大きな差はない。

リニア開通後に「リニア新都市圏」は羽田、成田、中部国際という3つの国際空港を抱え

東京駅から40分圏内の主要駅

名古屋は
「東京40分圏内」に

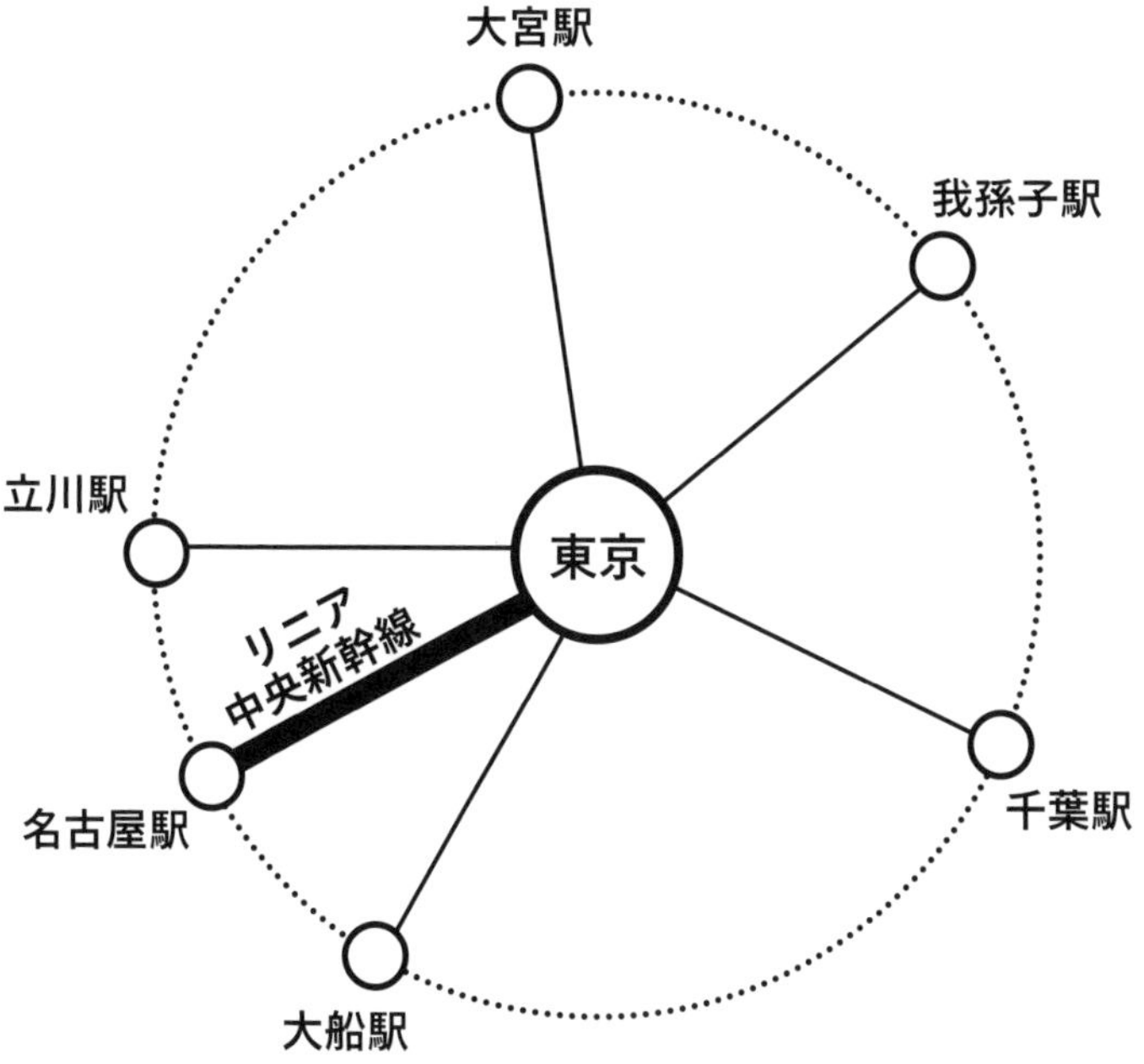

ることになり、圏内の利便性が大いに高まるのだ。

リニア開通で住宅難解消

東京駅を基点とした場合、40分で行ける駅はどこになるだろうか。千葉方面ならば総武線の千葉駅、常磐線の我孫子駅。神奈川方面では東海道線の大船駅、埼玉方面では大宮駅。東京都西部方面では立川駅などが挙げられる。実際は大量の人々がこれらの地域よりも遠くから都心に通勤している。

こうした状況を見れば、リニア開通後に名古屋圏から都心への通勤は十分に可能だ。可能どころか、現在の首都圏のビジネスマンの通勤よりもはるかに楽な通勤となる。地方在住者の東京勤務が容易になるのだ。

立地条件にもよるが、名古屋圏の方が不動産価格は低い。東京圏の人が名古屋圏に移住して都内に通勤するパターンもあり得る。それどころか、長野や岐阜などの中間駅近辺に住めば、住宅コストをかなり削減できる。

リニアがリモートワークをサポート

新型コロナ感染でリモートワークが普及したことから、今さらリニアで移動時間を短縮しても意味がない、と思う読者がいるかもしれない。しかし、全く出社しない完全なリモートワークを実施している企業は極めて少ない。基本はリモートワークであっても週１〜２回の出勤を義務づける会社が大半だ。週１〜２回の出勤なのだから、多少は遠くても我慢するとしても住む場所は限定されてしまう。

ところが、リニア開通によって居住可能範囲が大きく広がる。例えば都内にオフィスがある場合、普段は岐阜県に住んでリニアで週１〜２回通勤するのは簡単だ。しかし、リニアがなければ、リモートワークを認めている企業であっても岐阜に住むのは難しいだろう。

リニアのおかげで、これまで通勤時間の関係で住めなかった場所に住むことが可能になる。リモートワークの普及でリニアが不要になるのではない。リニア開通によってリモートワークの可能性と選択肢が拡大していくのだ。

日本一高いビルが東京駅の隣に出現

２０２７年にはリニア中央新幹線が開通するだけでなく、さらに大きなイベントが待ち構えている。東京駅のすぐ隣に日本で一番高いビル「Torch Tower」が竣工するのだ。現在、日本で一番高いビルは大阪の「あべのハルカス」（高さ３００メートル）だが、２０２３年に森ビルが東京の虎ノ門・麻布地区に高さ３３０メートルのビルを完成させて、その時点では日本で最も高いビルとなる。

そして２０２７年には「Torch Tower」（高さ３９０メートル）がこれを抜かす。

ここで「Torch Tower」について説明しよう。三菱地所は東京駅日本橋口に位置する常盤橋地区において、再開発プロジェクト「東京駅前常盤橋プロジェクト」を推進している。常盤橋地区は江戸城へ向かう表玄関である常盤橋御門があったエリア。大手町、丸の内、八重洲、日本橋に囲まれた東京の中の東京と言える場所だ。

同プロジェクトでは、敷地面積３・１ヘクタールのエリアに高層ビルを２棟建設し、その間に７０００平方メートルの大規模広場を設ける。地下では地下鉄５路線が集約された大手町駅に接続し、東京駅・大手町駅には雨に濡れることなくアクセス可能だ。地下鉄コンコー

Torch Tower

TOKYO TORCH 全体開業時外観イメージ(JR 東京駅丸の内側より)

57F　ホテルロビー

(図版提供　三菱地所株式会社)

スとの直結により、日本橋、八重洲、大手町、丸の内、日比谷へも地下歩行通路で移動できる。

三菱地所は2020年9月に同プロジェクトエリアの名称を「TOKYO TORCH」とすると発表した。

高層ビル2つのうち2021年6月に竣工したのが「常盤橋タワー」（高さ212メートル）。そしてもう一つが2027年に竣工予定の「Torch Tower」だ。地下4階・地上63階で、地下1階から6階が店舗、7階から53階にオフィスが入る。

57階～61階には、圧巻の眺望と世界トップクラスのサービスを提供する国際級ホテル（約100室）を誘致する予定。57階のホテルロビー階は外気を取り入れるデザインとし、300メートル超の高さでありながら、緑と風に包まれる希少な空間となる。

62階と63階（屋上階）には都心を眼下に、遠く富士山を臨むことができる屋外空間併設の展望施設を整備する。

3階～6階には、芝居小屋をモチーフにした大規模ホール（約2000席）が整備され、常盤橋タワーとTorch Towerの間の広場と連動したダイナミックなイベント展開が可能だ。

さらに商業ゾーンの一部には、銭湯発祥の地ともいわれる常盤橋ゆかりの温浴施設「常盤湯」を、広場の一角には横丁空間の展開を予定している。

Torch Tower 周辺図

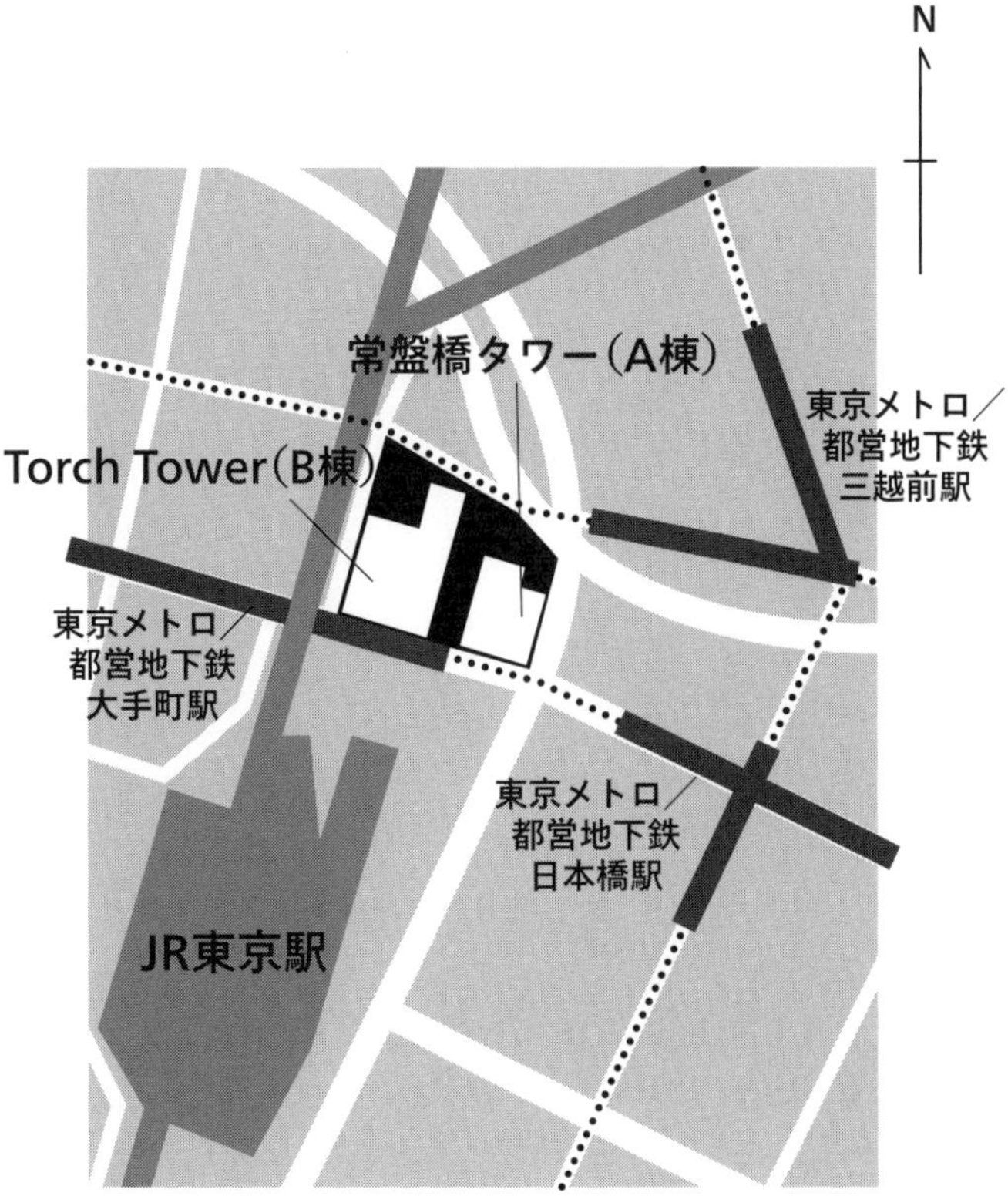

リニア開通と同時に東京の超一等地の再開発が完成すれば大きな話題となって、多くの人々が集まるに違いない。本格的なリニア開通は世界初なので、海外からも多くの観光客が来日し、東京～名古屋間でお金を使う。２０２７年に消費が盛り上がらない理由はない。

名古屋でも再開発が進む

一方、名古屋駅周辺でも多くの再開発が進行中だが、その中でも圧巻なのは名古屋鉄道（名鉄）による「名鉄名古屋駅地区再開発」だ。

名鉄名古屋駅に高さ１８０メートル、全長４００メートルの超横長・超高層ビルを建設。ビル内には商業施設、オフィス、ホテル、住宅を配置する。これに併せて名鉄名古屋駅を２倍超に拡大し、現在上下２線しかない線路を４線に拡大する。

ところが、この計画が予定よりも遅れることが決まってしまった。リニア開通に合わせて、２０２２年着工、２０２７年竣工の予定だったが、コロナ禍による混乱のため着工が延期となったのだ。

私はこのプロジェクトが大きく遅れることはないし、計画規模が一気に縮小することもないと思う。なぜならば、名古屋では名鉄名古屋駅周辺の開発が遅れているからだ。遅かれ早かれ、名鉄はこの計画を実行せざるをえない。

同じ名古屋でもＪＲ名古屋駅周辺では２０００年以降、高層ビル建設ラッシュが続いた。ＪＲ名古屋駅と一体化したＪＲセントラルタワーズやＪＰタワー名古屋の建設、大名古屋ビルヂングの建て替えなどにより、利便性が向上しただけでなく街の風景が一変した。名古屋へ行けば名鉄名古屋駅周辺の開発がＪＲ名古屋駅周辺より遅れているのは一目でわかる。

そして現在は名古屋駅と並ぶ名古屋中核エリアである栄地区で、中日ビルの建て替え工事が２０２４年の全面開業を目指し進行中だ。商業施設・オフィス・ホテルが複合する超高層ビル（高さ１６０メートル、地上33・地下５階建て）となる予定で、栄エリアの活性化につながる施設として期待されている。

さらに、栄地区の真ん中に位置する「栄広場」を中心とした区画では、高さ約２００メートルの超高層複合ビルを建設する再開発の概要が明らかになっている。プロジェクト名は「錦三丁目25番街区市有地等活用事業」。開発事業者は三菱地所、日本郵政不動産、明治安田生命保険、中日新聞などで構成される。

低層部に商業施設とシネマコンプレックス、中層部にオフィス、高層部にホテルが入居する垂直型の複合ビルとなる。ホテルは名古屋市初となる外資系ラグジュアリーホテルを誘致する。低層部の商業施設部分は大丸松坂屋百貨店が運営し、高級ブランド店を入居させる予定だ。

高さ約200メートル（地上36階・地下4階）は、栄エリアでは最高層であり、近くにある名古屋テレビ塔の180メートルを上回るランドマークビルとなる。名古屋は地下街が発達していることで有名だが、同ビルは地下鉄東山線の栄駅と徒歩0分で直結する。着工は2022年で開業は2026年の予定だ。

また、百貨店「名古屋三越栄店」が入居する商業ビルを保有・運営するオリエンタルビル株式会社は現在のビルを建替える方針だ。現在のビルは名古屋三越の前身「オリエンタル中村百貨店」が開業した1954年に完成し、老朽化が目立っている。

名古屋市の都市再生特別地区の指定を受けることで容積率を1・5倍とし、延べ床面積を現在の7万6600平方メートルから13万平方メートルに拡張する。2029年までに高さ約180メートル（地上34階・地下4階）の超高層複合ビルを建設する予定だ。

高層階に高級ホテル、中層階に国際会議や宴会などに使えるコンベンションホール、低層階に三越を中心とした商業施設が入居する。

2020年代後半になると栄地区には200メートル級高層ビルが3棟立ち並ぶ。久屋大通公園の両側に並び立つビルはいずれも50メートル程度なので、栄地区の景色は一変するだ

名古屋栄地区再開発

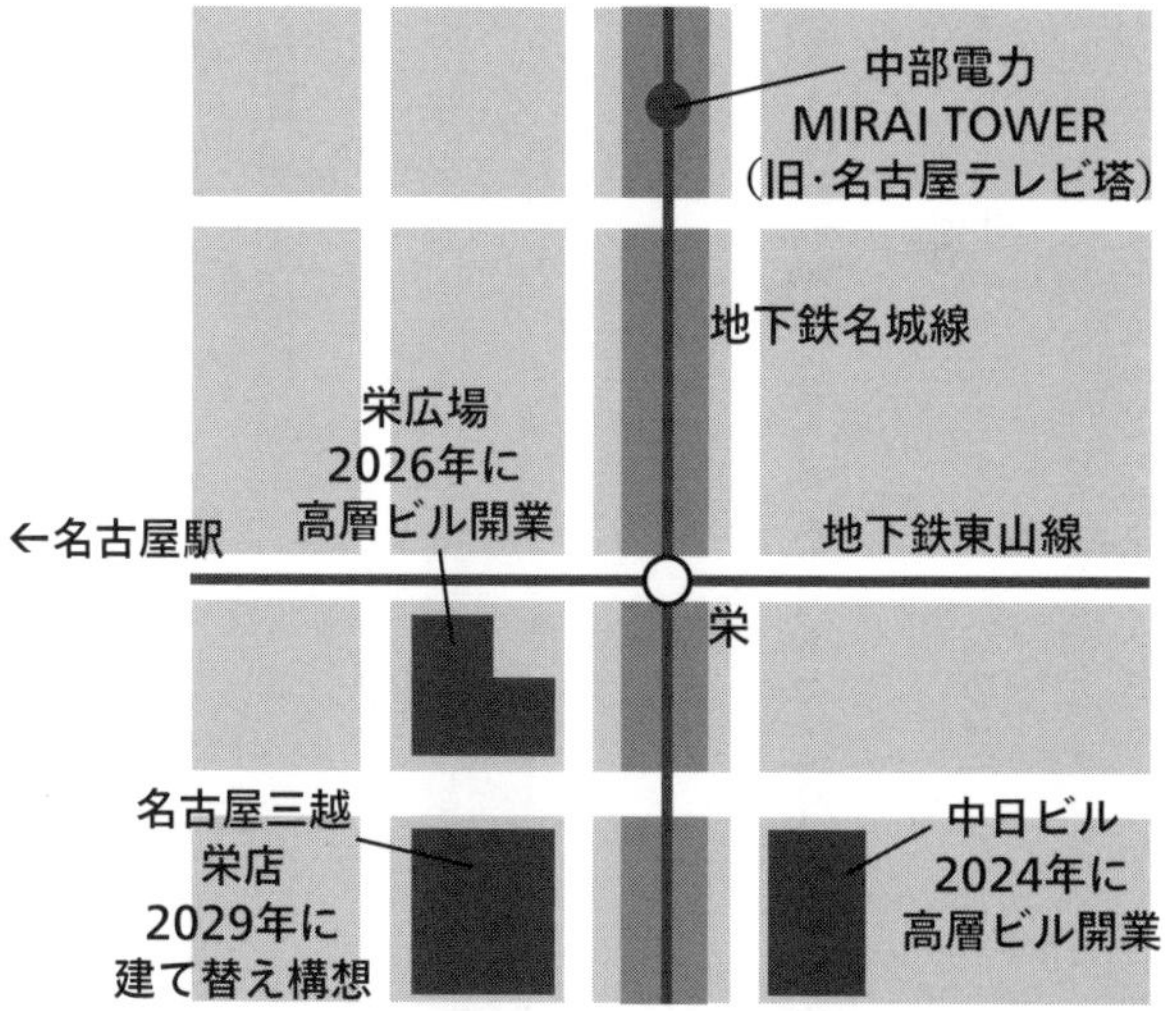

久屋大通公園との一体的な賑わい形成

（図版提供　三菱地所株式会社）

ろう。

一方で、名鉄名古屋駅周辺はリニューアルが遅れて老朽化が目立つ。名古屋では名鉄名古屋駅周辺だけが開発に取り残されている。遅かれ早かれ再開発をしなくてはならない。また、名鉄名古屋駅は名古屋鉄道最大のターミナル駅であるにもかかわらず、上下2線しかない。このままでは名古屋鉄道のビジネス拡大に支障があるだけでなく、名古屋地区全体の発展を妨げることにもなる。名鉄名古屋駅の拡大と線路増設は喫緊の課題だ。２０２７年に少し遅れるとしても「名鉄名古屋駅地区再開発」は必ず実現するだろう。

東京五輪後は２０２７年を目指す、そして……

２０２１年に東京五輪が閉幕しても、その後はリニア中央新幹線建設や東京・名古屋の再開発が経済を牽引する。そして、２０２７年には生まれ変わった東京と生まれ変わった名古屋をリニア中央新幹線がつなぎ巨大な都市圏が誕生する。その頃には現在進行中の八重洲、日本橋、品川、名古屋の大規模再開発プロジェクトもほぼ完成済みだ。

この新巨大都市圏では約５５００万人の人々が仕事や通学、レジャーなどで活発に行き交い、企業にとっては大きなビジネスチャンスが生まれる。活況を呈する新巨大都市圏には国内だけでなく海外からも多くの人々が訪れて、ビジネス以外の文化・スポーツ・技術交流も活発に行われるだろう。交流から新技術や新しいビジネスモデルの誕生も期待できる。

これから日本経済は2027年を目指して進んでいくが、2027年がゴールではない。2027年を起点に新たなスタートを切るのだ。本書では東京五輪後も成長する有望企業をテーマごとに分けて紹介していく。

第2章

ウイルスと闘う企業群

人類とウイルスの闘いは永遠に

新型コロナ感染のインパクトが強すぎて他のウイルス性疾患についてはほとんど話題にならない。しかし、これまで人類はウイルスとの闘いに明け暮れてきたと言っても過言ではない。14世紀のヨーロッパにおいて人口の3分の1が死亡したといわれるペスト、19世紀末に世界中で5億人以上の人々が感染し、死亡者数が５０００万人ともいわれるスペイン風邪など、ウイルスは多くの人命を奪ってきた。

21世紀に入ってからも２００２年に中国でＳＡＲＳ（重症急性呼吸器症候群）が、２０１２年にはサウジアラビアでＭＥＲＳ（中東呼吸器症候群）が発生し欧州にも広がった。ＭＥＲＳの致死率は60%と非常に高い。そして２０１３年には中国で鳥インフルエンザが発生し、人へも感染した。

そして忘れてならないのは、未だに普通の季節性インフルエンザでさえ、日本国内で毎年１０００万人ほどの感染者と約1万人の死亡者を出すこと。人類の歴史の中で撲滅に成功したと確実に言えるのは天然痘だけなのだ。

ウイルス性疾患を根絶することは難しく、いつ再び感染が広まるかわからない。既存のウイルスは変異を繰り返すし、新たなウイルスも発生する。新型コロナ感染が沈静化しても人類のウイルスとの闘いは続く。

東京五輪閉幕とウイルスとの闘いには何の関係もない。ウイルス性疾患の予防や治療に貢献する企業はこの先ずっと成長企業なのだ。

1 中堅化学メーカーに注目

わずか半年で新型コロナ検査キットを開発

ウイルスとの闘いでトップバッターに挙げたいのが、中堅化学メーカーの**デンカ（4061）**だ。デンカはインフルエンザワクチン製造のトップメーカー。国内でデンカ以外にインフルエンザワクチンを製造できるのは、**第一三共（4568）**と**KMバイオロジクス**、**BIKENグループ**だけだ。また、デンカはインフルエンザ抗原検査キットのトップメーカーでもある。インフルエンザのワクチンと検査キットの両方を製造できるのは国内でデンカだけだ。

同社はこれまでウイルス対策の関連製品を多数生産してきたが、２０２０年からは新型コロナウイルスへの取り組みを強化している。2月に抗原検査キットの開発を開始し、8月に製造販売承認を取得した。通常は開発から承認まで最短で1年半～2年を要するが、同社は約半年という異例の早さで承認に漕ぎ着けた。

新型コロナウイルス検査ではウイルスの遺伝子情報を検出し、ウイルスの有無を判断するPCR法が主流だ。鼻の奥から採取した検体に試薬を加え、専用装置で温度を上下させる操作が必要であり、結果が出るまでに6時間程度かかる。

一方、デンカはPCR法ではなく、イムノクロマト法による抗原検査キットを開発した。鼻から採取した検体を専用デバイスに滴下するとウイルスに反応して色が変わる。PCR法と異なり特別な専用装置が必要なく、判定までわずか15分で済む。また、2021年8月には判定時間を10分に短縮し、新型コロナウイルスとインフルエンザを同時に判定できるキットを発売した。

さらにイムノクロマト法以外の検査法も開発中だ。台湾にあるグループ会社のプレックスバイオ社は、同時多項目測定の技術を持つ。新型コロナウイルスの変異部位検出用研究試薬をデンカと共同開発し、測定機関向けに販売を開始した。本試薬は、専用装置と併用して変異株にみられる計10種の変異部位を同時検出することが可能だ。

アビガンの原料を製造

デンカは検査試薬だけでなく、治療薬の分野でも活躍している。富士フィルム富山化学が開発したインフルエンザ治療薬のアビガンは新型コロナ治療薬としても期待されている。デンカはアビガンの原料であるマロン酸ジエチルを生産する国内唯一のメーカーなのだ。

また、マロン酸ジエチルの原料となるモノクロル酢酸の生産も国内で唯一、デンカの関連会社デナックが行っている。

デンカグループ内で原料から最終製品まで一貫体制でマロン酸ジエチルの生産を行ってきたが、中国企業との価格競争が厳しいため、２０１７年４月に生産を停止した。ところが、２０２０年にアビガン生産を重視する日本政府の要請により生産を再開することになった。

デンカはインフルエンザや新型コロナだけでなく、様々なウイルス感染症に対応する製品を持つ。２０１７年にコンゴ民主共和国でエボラ出血熱が流行したときは、エボラウイルス抗原検査キットを開発し、ＪＩＣＡ（独立行政法人国際協力機構）を通じて無償提供した。

２０１５年にドイツのバイオ医薬品開発企業・アイコン社を買収してからはノロウイルスワクチンの開発に取り組んでいる。２０２０年にドイツに用地を取得、９月に第Ⅰ相臨床試験を開始した。

アイコン社の技術「magnICON（マグニコン）」は、タバコの葉を活用してワクチンの抗原だけでなく抗体も作ることができる。抗体を作れれば検査試薬にも使用できる。マグニコンはさまざまな分野に活用できる技術なので、デンカ全体の技術力向上につながるだろう。デンカは「単にノロウイルスワクチンを開発するのではなく、マグニコンの技術を拡充させていく」とコメントする。

そのほか、日本脳炎、ポリオ、はしか、風疹などのウイルス検査試薬もそろえていて、病院、検査センター、衛生研究所、保健所で使用されている。

デンカは1915年にカーバイドから肥料（石灰窒素）を製造する目的で設立された。現在の事業領域は工業用原料から、建材、電子材料、医薬品まで幅広い。電気自動車のキーテクノロジーとなるリチウムイオン電池関連ではアセチレンブラックと球状アルミナフィラーを生産する。アセチレンブラックは電池の安全性と耐久性を向上させる機能を持つ。球状アルミナフィラーは電池の高熱化を防ぐ放熱材に使用され、どちらも世界シェアはナンバーワン。リチウムイオン電池は高速充放電に伴って高熱が発生するが、熱を下げないと電池の寿命が短くなるほか、発火事故が起きることもあるので放熱材はとても重要だ。

ベルギー政府の要請で一肌脱ぐ

準大手化学メーカーの**カネカ**（**４１１８**）の海外子会社カネカユーロジェンテック（ベルギー）は２０２０年4月、ベルギー政府の要請を受け、新型コロナウイルス検査に使用するＰＣＲ検査試薬の生産を始めた。初回分として約20万回分のＰＣＲ検査試薬をベルギー国内や近隣国の病院、検査機関、研究機関などへ供給した。

さらにカネカユーロジェンテックは同年12月に米国イノビオ・ファーマシューティカルが開発を進める新型コロナウイルスに対するＤＮＡワクチンの原薬製造を受託すると発表した。イノビオは感染症やガン治療薬を開発するバイオベンチャー企業で、体内にウイルスの遺伝子情報を送り込んで免疫を付けるＤＮＡ医薬品を手がけている。イノビオはカネカユーロジェンテックのＤＮＡ分子製造能力を評価した。

カネカはアビガン製造にも関与している。２０２０年7月に富士フィルム富山化学へアビガンの原薬の供給を開始した。先述したようにアビガンの原料マロン酸ジエチルはデンカが製造し、それを**宇部興産**（**４２０８**）や**ダイトーケミックス**（**４３６６**）などが中間体に加工する。そしてその中間体をもとにカネカが有効成分である原薬を作るのだ。

カネカは1949年に旧カネボウから非繊維部門が分離する形で設立された。当初は塩化ビニル樹脂を製造していたが、現在は化成品、発泡樹脂製品、製菓・製パン用の油脂類、電子材料、合成繊維、太陽電池など幅広く事業を展開している。

ここ数年で注目されているのは生分解性プラスチックの製造だ。同社が製造する「分解性ポリマーPHBH」は、成分が100％植物由来で生分解性に優れる。特に海水中や海底の土砂内での分解性が高い。30℃の海水中なら6カ月以内で90％以上が水と二酸化炭素に分解される。加工性にも優れており、レジ袋のほか食器、フィルムなどさまざまな形状に成形できる。

PHBHはセブン－イレブン店頭で販売されているセブンカフェのアイスコーヒーのストローや資生堂の化粧品容器に既に採用されている。

2

感染防止にオンライン診療が有効

コロナを恐れずに診察を受けられる

オンライン診療とはスマートフォンやパソコンなどを使ったビデオ通話による診療のこと。予約・問診・診察・決済までをインターネット上で行う。患者にとって通院にかかる時間負担が軽減される、好きな場所で診察を受けられるといったメリットがある。さらに待合室での二次感染防止や患者から医師への感染防止にも有効だ。

２０１８年４月からオンライン診療への保険適用が開始されたが、初診は対面で診察を受けなければならないなどの制限があった。しかし、新型コロナ感染拡大の影響により２０２０年４月から期間限定ではあるが、初診患者へも保険が適用されることになった。日本医師会はオンライン診療では医療の質を保つのが難しいと主張し、厚生労働省は初診患者への解禁は特例的な処置だとしている。しかし、あらゆるものがオンライン化されている中で、オンライン診療の動きを逆戻りさせることはできない。新型コロナが収束しても初診患者への保険適用は継続するに違いない。

メドレー（4480）は日本最大級のオンライン診療システムである「CLINICSオンライン診療」を運営している。「CLINICSオンライン診療」を利用すると診療は左記のように進む。

【1】患者はスマートフォンのアプリやパソコンから「オンライン診療・服薬指導アプリCLINICS」にアクセスし、受診したい医療機関や診療メニューを検索する。

↓

【2】患者は受診する医療機関を決めて予約。予約時に問診票を記入するほか、健康保険証の画像データをアップロードする。

↓

【3】医療機関の管理画面に患者情報が表示される。医師は診察前に問診票を確認し、予約時間になったら診察開始ボタンをクリックしてビデオチャットに接続する。

↓

【4】患者のスマートフォンやパソコンに医療機関からの通知が届き、ビデオチャットによる診察が開始される。

↓

【5】診察終了後、会計は患者がアプリに登録したクレジットカードで決済される。

↓

【6】医療機関が処方箋データをアップロードするので、患者はこのデータを元に調剤薬局へオンライン服薬指導を申し込むことができる。

↓

【7】調剤薬局が薬を患者宅へ郵送。代金はクレジットカードで決済する。

メドレーは2009年設立、2019年上場のベンチャー企業。主力事業は医療ヘルスケア分野の人材採用システム「ジョブメドレー」の運営だ。医師、歯科医師、介護士、保育士、理学療法士などの求職者が自ら「ジョブメドレー」サイトで求人情報を閲覧し、事業所へ直接応募する。求職者に対するヒアリングはせず、オンライン上で紹介が完結するのが特徴だ。求職者が実際に採用された時点で年収の2～13％程度に相当する成果報酬を受け取る仕組みとなっている。

今のところオンライン診療やオンラインカルテは不採算事業だが、規制緩和を追い風に急速な成長が見込まれる。

LINEがオンライン診療に参入

MRT（6034）は遠隔操作のサポート技術を有する**オプティム（3694）**と提携し、オンライン診療サービス「ポケットドクター」を運営している。スマホやタブレットで診療予約から診療、クレジットカード決済、薬の処方・配送までを一気通貫で行う。

診療のほかに「健康相談」サービスも展開しており、相談者は自分で予約して全国にいる各専門医に健康相談できる。近所に専門医がいない場合のファーストオピニオンや、かかりつけ医とは別の医師のセカンドオピニオンを聴く場合に役立つ。

医師は患者がスマホカメラで撮影した映像と、ウェアラブル機器やヘルスケア機器から取得した患者データを連携させることで、患者の状態を詳細に把握することができる。患者と医師が映像や画像を共有し、医師がポケットドクターの「赤ペン機能」や「指差し機能」を用いて症状の説明を的確に行う。

ＭＲＴは東京大学医学部附属病院の医師の互助組織からスタートした企業で、主力事業はインターネットを活用した医療人材の紹介事業だ。医師のための転職・アルバイト紹介はもちろん、看護師や薬剤師、検査技師向けの転職・アルバイト紹介も行う。

オプティムはデバイス画面の共有や遠隔設定など、情報端末を管理するモバイルデバイス管理サービスを提供するＩＴ企業だ。医療、農業、建設土木といった分野の遠隔操作サービスに力を入れている。最近ではＧＩＧＡスクール構想実現のためのサービスも手がける。

ＬＩＮＥ（未上場）と医療従事者向け情報サイトを運営する**エムスリー（２４１３）**は共同出資会社**ＬＩＮＥヘルスケア（非上場）**を設立。２０２０年12月からオンライン診療サービス「ＬＩＮＥドクター」を展開している。

「ＬＩＮＥドクター」では、新たなアプリをダウンロードする必要もなく、医療機関の検索・予約から診療、そして決済までをＬＩＮＥアプリ上で一貫して行うことができる。利用者がＬＩＮＥに料金を支払う必要もない。

オンライン診療では医療機関側の費用負担が重く、導入のハードルとなっている。そこで、ＬＩＮＥヘルスケアはオンライン診療の普及拡大のため、予約機能・ＬＩＮＥビデオ通話機能・決済機能などが搭載されている「Basic Plan」を無償で医療機関に提供している。

エムスリーはソニーの関連会社で、医療従事者（医師・薬剤師・看護師など）向け総合情報サイト「m3.com」を運営している。同サイトには医療ニュースや海外論文、学会速報、転職情報などあらゆる最新情報と意見交換の場が設けられている。

　そのほか製薬会社の医薬情報を医師へ提供するサービス「ＭＲ君」や、開業支援・病院経営などの情報を提供する「ＱＯＬ君」なども展開している。「m3.com」への登録医師数は国内の全医師数の約９割にあたる29万人にのぼる。

3

コロナウイルスに負けない素材を作る企業

繊維メーカーがコロナをシャットアウト

シキボウ（３１０９）は１８９２年に設立された繊維業界の名門企業だ。糸から布まで幅広く展開しているほか、非繊維事業では水処理用フィルターや航空機部品も手がけている。

これまで同社は速乾・形態安定・抗菌など、さまざまな機能をもった繊維を開発してきた。２００６年には当時世界的に流行していた鳥インフルエンザの感染対策に活用できる抗ウイルス加工繊維「フルテクト」の開発に成功した。フルテクトは鳥インフルエンザウイルスを99・９％以上死滅させる効力を有し、一般衣料から産業用ユニフォーム・医療用白衣、マスクなどに使用されている。

同社は２０２０年11月、フルテクトが新型コロナウイルスに対しても抗ウイルス効果があると発表した。フルテクト加工された繊維に付着したコロナウイルスは数時間で99・9%以上減少する。

クラボウ（3106）も老舗繊維メーカーで設立は１８８８年。ジーンズ素材に強いのが特徴だが、自動車用の内装材や工作機械の製造も手掛ける。

同社は繊維に抗菌・抗ウイルス機能を付与する加工技術「クレンゼ」を持つ。２０２０年9月、同社はクレンゼ加工された繊維が新型コロナウイルスを無害化する機能を持つと発表した。ウイルス減少率は99%以上で、家庭洗濯50回後でも効果を維持できるという。

同年11月にはクレンゼを活用した医療・介護従事者向け防護ガウンの販売を開始した。医療機関や介護施設では感染予防のため、医療従事者は処置ごとに防護ガウンを着替えることが多い。しかし、一般的な防護ガウンは使い捨てのものが多いことから、必要量の確保や使い捨てによる廃棄物の大量発生などの問題があった。同社の防護服はこうした問題の解決に寄与する。同社ではこの防護服に使用している生地の販売も行っている。

メッシュ技術から抗ウイルスシートへ

小松マテーレ（3580） は石川県に本社を置く化学素材メーカーで、染色技術を基盤に衣料や建材向けに事業展開している。２０１８年10月に社名を「小松精練」から現社名に変更した。

同社は２０２０年2月にインフルエンザウイルスを酸化分解する光触媒素材「ウイルスシールド」を開発した。一般的な光触媒は太陽光などの明るい光では効果があるが、暗い場所では効果が出にくい。しかしウィルシールドは室内灯であっても反応してウイルスを分解できる。

9月には新型コロナウイルスを分解する抗ウイルス素材「エアロテクノ」の開発に成功したと発表したが、これはウイルスシールドを高機能化させたもの。室内灯レベルの光であっても6時間で感染能力を99・9％低減できる。同社はマスクとマスクのインナーにエアロテクノ加工を施し、抗ウイルス効果の高いマスクとして販売している。エアロテクノには消臭効果もあるので、マスク着用時の口臭防止にも役立つ。

マスク以外では12月にエアロテクノを用いたパーテーションの販売を開始した。災害被災地の避難所や病院の待合室などでの使用を想定している。

ＮＢＣメッシュテック（非上場）は**日清製粉グループ本社（２００２）**の一員で、製粉用ふるい網の国産化を目的に１９３４年に設立された。現在では、スクリーン印刷用メッシュクロスや各種産業用のメッシュクロス、自動車用フィルターなどの製造を手掛けている。

同社は独自開発した抗ウイルス技術「キュフィテック（Cufitec）」を持つ。一価銅化合物から発生する活性酸素が抗ウイルス・抗菌機能を発揮する。社内試験では5分でウイルスも菌も99・99％以上減少させる結果を確認しており、２００９年には国際特許を出願し、主要国では特許登録されている。

２０２０年11月には帯広畜産大学と日本繊維製品品質技術センターの試験により、短時間で新型コロナウイルスを99％以上減少させる効果が確認された。

グラビア印刷を手掛ける**中本パックス（７８１１）**はＮＢＣメッシュテックの「キュフィテック」を活用して抗ウイルス・抗菌フィルム「Ｎ－ＶＩＲＵＳ ＺＥＲＯ」を開発し、２０２１年3月より販売を開始した。エレベーターのボタンやＡＴＭの画面、照明スイッチ、各種機器のタッチパネルなどに貼られることを想定している。貼ったり剥がしたりしやすいうえ、ロゴ印刷、文字印刷、色付き加工することも可能だ。

中本パックスのほか、**アキレス（５１４２）**、**日本マタイ（非上場）**、**サンエー化研（４２**

34）も「キュフィテック」を活用した抗ウイルスフィルムを製造販売している。

建材に抗ウイルス機能を付与

アイカ工業(4206)はメラミン化粧板の国内トップメーカーだ。メラミン化粧板は表面が傷つきにくく耐熱性・耐薬品性に優れているため、テーブル天板やドア、カウンター、壁などに使用されている。２０１９年1月には抗ウイルス性能を付与したメラミン化粧板「ウイルテクト」を発売した。

さらに２０２０年12月、一般財団法人日本繊維製品品質技術センターの試験によって、新型コロナウイルスに対しても抗ウイルス効果が確認されたと発表した。メラミン化粧板の表面の抗ウイルス剤がコロナウイルスのタンパク質を変性させて、ウイルス数を99％除去する。

また、ウイルテクトはアルコールに強い特性がある。最近はコロナ感染防止のためにテーブルなどをアルコール消毒することが多いが、ウイルテクトの性能に影響はない。

同社は、ウイルテクトを「ニューノーマル（新常態）時代のスタンダード建材として普及させていく」としている。

同じく12月にはハードコートフィルム「ルミアート抗菌・抗ウイルスフィルム」についても新型コロナウイルスに対する抗ウイルス効果があると発表した。同社のハードコートフィルムはタブレットやスマホのディスプレイに使用されているが、今後はフェイスシールドや医療用ゴーグルに使用されることが増えるだろう。

大手住宅資材メーカーの**大建工業**（**７９０５**）は床材、ドア、収納材の製造・販売を主力事業とするほか、自社資材を活用して住宅や公共施設の内装工事も請け負っている。

同社では２００９年の新型インフルエンザの世界的流行をきっかけに、２０１２年に独自の抗ウイルス技術「ビオタスク」を確立した。建材表面に抗ウイルス剤を付与すると、建材の表面に付着したウイルスの数は24時間後に99％以上減少する。

２０１２年以降は、住宅・非住宅を問わず、カウンター、手すりなど、多くの人の手が触れる建材を対象に製品展開を進めてきた。そして２０２０年のコロナ禍を背景に「ビオタスク」に対する問合せが急増したことから「室内ドアの錠部分」、「収納扉用ハンドル」、「階段部材」などビオタスク製品のラインアップを拡大させた。

ロンシール工業（**４２２４**）は塩化ビニル製の床シートや壁装材、ビル・マンションの屋上で使われる防水シートなどを製造する。１９４７年に日本で初めて塩化ビニルの製造に成功し、鉄道車両用床シートは国内で約80％、バス用床シートは国内で約50％の高シェアを誇る。塩化ビニルは耐久性、加工性、難燃性に優れている上に安価であるため、多くのものに使用されている。

同社が開発した「ロンプロテクト」技術は、あらゆるものに抗ウイルス機能を付加する技術。学校や病院など、多くの人が集まる場所の壁や床だけでなく、手すり、ドアノブ、文房具、パソコンなどにロンプロテクト加工を施すことで、抗ウイルス空間が実現する。

ロンシール工業は大手化学メーカーの**東ソー（4042）**のグループ会社で、東ソーから原材料を仕入れている。

日本の伝統素材が衛生環境を改善

国内総合塗料トップクラスの**関西ペイント（4613）**は２００７年に抗ウイルス効果を有する塗料「アレスシックイ」を開発した。アレスシックイは日本の伝統的な建築素材「漆喰」を主成分とする。漆喰の原料は消石灰。ニュース番組で鳥インフルエンザが発生した鶏舎周辺に白い粉が散布されているのを見たことがある人は多いだろう。あの白い粉が消石灰だ。

長崎大学の検証実験では、ノロウイルス、エイズウイルス、エボラウイルス、天然痘ウイルス、インフルエンザウイルスA香港型などに対する抗ウイルス効果が実証されている。

アレスシックイを壁に塗るとその表面には多数の微細な穴ができる。菌やウイルスがその穴に入ると、穴内部のアルカリ成分が菌やウイルスの感染性を低下させる。また、臭いの成分も穴に閉じ込めて分解してしまう。湿度を調整する調湿機能もあるので、結露予防にも効果がある。

２０１６年にはアレスシックイをバージョンアップさせた「アレスシックイ モンティアート」を開発した。アレスシックイに柔軟剤を付与し繊維、紙、フィルムなどあらゆる素材に塗ることが容易だ。医療用のテントなどに塗れば病気の感染防止に役立つ。

２０２０年にはウイルス研究分野における第一人者である長崎大学・安田二朗教授と共同実験し、アレスシックイに新型コロナの感染力を失わせる不活性化効果があることを発表した。アレスシックイを塗ったフィルムに新型コロナウイルスを付着させたところ、５分間でウイルスの99・9％以上が不活性化した。

実験を終えた安田教授は「漆喰塗料の潜在能力の高さを感じる。様々なものに塗布できるため、病院や老健施設などの衛生環境の向上に期待がもてる」とコメントした。

製紙業界第2位の**日本製紙（３８６３）**は抗ウイルス効果のある印刷用紙を製造している。

原料のパルプに抗ウイルス作用を持つ金属イオンを付着させた。2時間でウイルスを99％低減できるほか、抗菌・消臭機能も併せ持つ。

通常の印刷用紙と同様に印刷・加工することが可能なので、病院で使用される書類や飲食店のメニューなどさまざまな用途への活用が期待されている。

同社はこの技術が「不織布をベースとする衛生材料やフィルターなどへも採用されること」を期待している。また、最近は脱プラスチックのために紙袋の使用が増えているので、紙袋への採用も増えるかもしれない。

4 防塵・防毒マスクの国内2大メーカー

産業用技術を一般向けにも活用

興研（7963）は防塵・防毒マスクの国内2大メーカーの1つだ。同社は1952年に防塵マスクの国家検定に合格して以来、産業用マスクの分野で成長してきた。溶接作業や塗装工程で発生する有害物質や原子力プラントに存在する放射性粉塵から作業員を守るマスクを開発・製造している。

技術力には定評があり、1985年から防衛省へ防護マスクを独占納入している。1995年の地下鉄サリン事件のときにサリン除去の作業をした自衛隊員が身につけていたのは同社のマスクだ。

また、マスクに電動ファンを組み込んで呼吸を楽にする「呼吸追随形ブロワーマスク」を世界で初めて開発した実績もある。

医療施設内には、ウイルスや病原菌による院内感染リスクと消毒や滅菌に用いられる薬剤による薬害リスクが潜んでいる。同社は院内感染対策用と薬害対策用の両方のマスクをそろえている。

これまで同社のマスクは医療、産業分野はもちろんのこと、自衛隊による救助作業など、過酷な現場で使用されてきた。そこで培ったノウハウが一般向けマスクにも活かされている。興研はマスク以外の事業も手がけている。マスク事業で培ったフィルター技術を活用して開放式空気清浄システム「ＫＯＡＣＨ」を開発し、これがマスクに次ぐ柱に育ってきた。通常のクリーンルームは密閉されているが、ＫＯＡＣＨは開放された空間であっても空気の清浄なエリアを作り出すことができる。精密機械工場や食品工場は空気のきれいな環境が求められるが、クリーンルームを設置するには費用がかさむ。しかし、ＫＯＡＣＨの場合は低コスト・短工期でクリーンルームに匹敵する環境を実現できる。

2大メーカーのうちのもう1社が**重松製作所（7980）**。１９１７年の創業以来、防塵・防毒マスクを作り続けてきた。鉄鋼・自動車・化学等の製造業や農業分野で同社の製品が使われている。民間だけでなく、警察、消防など官公庁・地方自治体への販売も多い。

２０１１年3月に発生した東日本大震災からの復興においても、がれき処理や原子力発電所内作業、放射線汚染地域の除染作業時に同社のマスクが活躍した。

そのほか、医療分野でも同社の製品は重要な役割を果たす。同社の「N95マスク」はウイルスを含んだ飛沫の侵入を防ぐマスクで、NIOSH（米国国立労働安全衛生研究所）規格に合格するほど性能が高い。厚生労働省からはSARS（重症急性呼吸器症候群）、MERS（中東呼吸器症候群）、結核予防に有効なマスクとして指定されている。

また、同社は防護服の製造も手がけている。テレビニュースで新型コロナや鳥インフルエンザの感染場所において作業員が防護服を着ているのを見た人は多いだろう。あのような防護服を製造しているのだ。

5 実はとても重要な医療廃棄物処理ビジネス

鉄鋼会社が電炉で医療廃棄物を溶融

ウイルスに対応するとなるとワクチン、治療薬、医療機器などに注目が集まるが、医療廃棄物処理の重要性を忘れてはならない。

病院などの医療機関から排出される感染症廃棄物は、ガラス・注射針などの鋭利器材、血液や体液を含むガーゼ類、使用済の白衣や看護服、さらには臓器にいたるまで多種多様だ。医療廃棄物を不適切に処理すればウイルス感染が拡大してしまう。ここでは、医療廃棄物の処理に携わる企業を見ていこう。

共英製鋼（5440）は電炉系鉄鋼メーカーとして培ったノウハウを活用し、2000℃

以上となる電気炉で医療廃棄物を溶融無害化する「メスキュードシステム」を開発した。同システムでは医療機関などに専用の廃棄物容器を配布し、定期的に収集専用車が巡回・回収する。

以前は看護師が廃棄物を捨てるときに注射針をはずしたり、薬剤容器・医療器材を選別したりする危険な作業を行っていた。同システムはそれらの作業を不要にし、注射針などの医療廃棄物はそのまま専用容器に投入し、ボックスが満杯になれば、専用のフタをかぶせるだけで済む。

同社は西日本地盤の有力電炉メーカーで海外進出にも積極的。ベトナムに本格的な電炉工場を持つほか、港湾事業も展開している。

同じく電炉メーカーの**東京製鐵**（**５４２３**）も医療廃棄物を鉄スクラップなどと共に、電気炉で溶融処理している。金属くずと廃プラ類を区別する必要はない。電気炉へ投入された廃棄物は１６００℃〜３０００℃の高温で溶融、無害化される。

同社は独立系の電炉大手メーカー。日本製鉄やＪＦＥなどの大手高炉メーカーが支配する日本鉄鋼連盟には加盟していない。２０１８年から韓国で電炉最大級の東国製鋼と資本業務提携している。

大和工業（**５４４４**）も医療廃棄物を金属容器で回収するサービスを行っている。回収された医療廃棄物は子会社ヤマトスチールの電気炉に投入され、１６００℃の高温で安全・確実に溶融処理される。

同社も独立系の電炉メーカーで、主力製品は建物や橋梁などに使われるＨ形鋼だ。韓国、タイ、米国、中東などに生産拠点を持ち、海外売上高比率は約6割。

燃焼せずに高温乾熱で廃棄物を滅菌

東陽テクニカ（8151）は感染性医療廃棄物を滅菌し、非感染性廃棄物へ変換する装置「ＤＩＳＰＯＰＡＣ」シリーズを販売している。

ＤＩＳＰＯＰＡＣは医療廃棄物を燃焼せずに、１８０℃の高温乾熱で30分以上かけて滅菌する。処理工程でCO_2発生はなく、ダイオキシン生成もない。また廃棄物の体積を最大6分の1まで圧縮するので運搬コストを削減できる。

同社はエレクトロニクス関連計測器の専門商社で、ＮＴＴ、トヨタ、ホンダ、ＫＤＤＩ、パナソニックなどの大手企業や官公庁、大学の研究開発部門を主要顧客としている。

産業ガス大手の**エア・ウォーター（4088）**は医療廃棄物処理サービスを医療機関に提

供している。子会社のエアウォーター物流が感染性廃棄物を専用処理容器に入れて収集し処理業者へ運搬する。

ライバルの日本酸素ホールディングス（４０９１）が産業ガスに専念しているのに対し、エアウォーターはケミカル、医療、農業・食品、物流など多角化を推進。中堅・小規模企業の買収を通じてグループ拡大を続けている。

ちなみに子会社の**川本産業**（**3604**）は医療用衛生材料の生産では国内最大手。コロナ禍でマスク、消毒液、防護服などの売り上げが伸びている。

医療廃棄物容器を製造する2社

医療廃棄物容器「メディペール」を製造しているのが、石油元売り大手の**出光興産**（**5019**）。

この容器は粘着パッキンを採用して気密性を高めており、衝撃強度にも優れている。焼却時に有毒ガスは発生しない。

同社は石油業界ではＥＮＥＯＳホールディングスに次ぐ第2位で、ガソリンスタンドは「Ｉ

ＤＥＭＩＴＳＵ」と「Ｓｈｅｌｌ」の２ブランドで展開している。石油・天然ガス・石炭の採掘から太陽光発電や地熱発電などの再生可能エネルギー開発まで事業範囲が広い。

また、全固体リチウムイオン電池用の固体電解質の商業生産に向けた実証実験を行っている。全固体リチウムイオン電池は、電気自動車向けなどに早期実用化が求められており、主要材料である固体電解質に対するニーズも高まっている。石油元売り会社ではあるが、非化石燃料分野への関与を強めていることに注目したい。

天昇電気工業（6776）は自動車や家電部品を製造するプラスチック成形品メーカー。医療廃棄物容器の「ミッペールシリーズ」を製造している。同製品は強度を追求したポリプロピレン、ポリエチレンなどで作られていて、注射針などの貫通を許さない。ゴムパッキンによる完全密封で液漏れ・臭い漏れがなく、焼却時にダイオキシンなどの有害物質は発生しない。

２０２０年６月には福島県矢吹町の工場敷地内に第２工場を建設し、ミッペールシリーズの生産能力を増強させた。

ウイルスと闘う企業群

ワクチン・薬品

デンカ	4061	インフルエンザワクチン製造で首位。新型コロナ検査キット開発。アビガンの原料も手掛ける
カネカ	4118	新型コロナ向けPCR検査試薬を生産。DNAワクチンの原薬や生分解性プラスチックも製造
宇部興産	4208	アビガンの中間体を製造。1897年創業の化学メーカー。化学以外に建設資材や機械なども生産
ダイトーケミックス	4366	アビガンの中間体を製造。主力事業は半導体・液晶向け感光性材料や写真材料など

オンライン診療

メドレー	4480	日本最大級のオンライン診療システムである「CLINICSオンライン診療」を運営。2019年上場
MRT	6034	オンライン診療サービス「ポケットドクター」を運営。診療のほかに「健康相談」サービスも展開
オプティム	3694	スマホなど端末の一括サービスをクラウドで顧客へ提供。遠隔操作のサポート事業も展開
LINE	非上場	モバイルメッセンジャーアプリ「LINE」を運営。エムスリーと共同で「LINEヘルスケア」設立
エムスリー	2413	LINEと共同で「LINEヘルスケア」設立。医療従事者向け総合情報サイト「m3.com」を運営
LINEヘルスケア	非上場	オンライン診療サービス「LINEドクター」を展開。医療機関の予約、診療、決済までを一貫して行う

抗ウイルス加工

シキボウ	3109	1892年設立の繊維会社。抗ウイルス加工繊維「フルテクト」を持つ。非繊維事業も手掛ける
クラボウ	3106	1888年設立の繊維会社。抗ウイルス加工繊維「クレンゼ」を持つ。家庭洗濯50回後でも効果維持

小松マテーレ	3580	化学素材メーカー。光触媒で新型コロナウイルスを分解する抗ウイルス素材「エアロテクノ」を開発
NBCメッシュテック	非上場	独自開発した抗ウイルス技術「キュフィテック(Cufitec)」を他社へ供給
日清製粉グループ本社	2002	NBCメッシュテックの親会社。製粉業界第1位。パスタなどの食品や総菜、サプリメントも生産
中本パックス	7811	抗ウイルス技術「キュフィテック」活用し抗ウイルス・抗菌フィルム「N-VIRUS ZERO」を開発
アキレス	5142	学童シューズ「瞬足」で有名な靴メーカー。「キュフィテック」活用の抗ウイルスフィルム生産
日本マタイ	非上場	レンゴーの子会社。包装袋総合メーカー。「キュフィテック」活用の抗ウイルスフィルム生産
サンエー化研	4234	プラスチック複合化工製品メーカー。「キュフィテック」活用の抗ウイルスフィルム生産
アイカ工業	4206	メラミン化粧板の国内トップメーカー。抗ウイルス性能を付与したメラミン化粧板を販売
大建工業	7905	独自の抗ウイルス技術「ビオタスク」を活用した住宅資材を製造。住宅や公共施設の内装工事も
ロンシール工業	4224	独自技術「ロンプロテクト」は、あらゆるものに抗ウイルス機能を付加する技術。東ソーのグループ会社
東ソー	4042	ロンシール工業の筆頭株主。化学メーカー大手6社のうちの1社。塩化ビニル樹脂の生産量が多い
関西ペイント	4613	抗ウイルス効果を有する塗料「アレスシックイ」を持つ。伝統的な建築素材「漆喰」が主成分
日本製紙	3863	製紙業界第2位。抗ウイルス効果のある印刷用紙を製造。飲食店のメニューなどへの活用が期待

マスク

興研	7963	防塵・防毒マスクの大手メーカー。医療用では感染対策用と薬害対策用の両方のマスクを持つ
重松製作所	7980	防塵・防毒マスクの大手メーカー。「N95 マスク」は米国国立研究所の規格に合格するほど高性能

医療廃棄物処理

共英製鋼	5440	日本製鉄系の電炉大手メーカー。専用車で定期的に病院等を巡回し医療廃棄物を回収
東京製鐵	5423	独立系大手電炉メーカー。電気炉で医療廃棄物を鉄スクラップと高熱溶融処理
大和工業	5444	独立系大手電炉メーカー。医療廃棄物を金属容器で回収し電気炉で高熱溶融処理
東陽テクニカ	8151	計測機器の専門商社。燃焼せずに医療廃棄物を高温乾熱で滅菌する装置を販売
エア・ウォーター	4088	産業ガス大手。医療用酸素では首位。物流子会社が医療廃棄物を収集し処理業者へ運搬
川本産業	3604	エア・ウォーターの子会社。医療用衛生材料で国内最大手。マスクや防護服を手がける
出光興産	5019	高気密の医療廃棄物容器を製造。石油業界 2 位だが、非化石燃料分野への展開に熱心
天昇電気工業	6776	樹脂成形品メーカー。自動車向け製品多いが、樹脂製で高強度の医療廃棄物容器を製造

第3章

水ビジネス

世界人口の急増で水が足りない

世界全体では人口が急増している。東京五輪と世界人口には何の関係もない。五輪が閉幕しても世界人口は増え続けるのだ。

国連の統計によれば、２０２０年に77億９４８０万人だった人口は２０５０年には97億３５０３万人となる（World Population Prospects：国際連合）。30年間で約20億人も増加すれば、さまざまな問題が生じるはずだ。

まず、「水」は足りるのだろうか。水がなければ人間は生きていけない。

地球は水の惑星と言われているが、地球の水のほとんどは海水で、人類が簡単に利用できる真水は全体のわずか０・01％に過ぎない。水の豊かな日本では気づきにくいが、水は希少資源そのものだ。

人口がどんどん増加しているので、この希少資源を大勢の人々が奪い合うと言う状況が生まれつつある。人口増加だけでなく新興国の経済発展が水不足に拍車をかける。新興国が工業化すれば、大量の工業用水を使用する。工業活動を行えばどうしても工業廃水が出るが、これを川や湖に流す。ただでさえ、真水が不足しているのに、真水の供給元を汚して水不足を深刻化させてしまうのだ。

また、新興国の経済発展で生活水準は向上し、1人当たりの水使用量は増加する。貧しければ、毎日洗濯したり風呂に入ったりしないが、経済的に余裕ができれば、毎日洗濯し風呂にも入る。

国連関係機関の試算によれば2050年には慢性的な水不足に悩む人の数が40億人に達する。こうした事態は東京五輪と全く関係ない。きれいな真水の確保と水廻りの環境整備は喫緊の課題であり、水関連ビジネスは成長産業なのだ。

1 海水から真水を作り出す

海水淡水化プラントを建設する企業

世界中で水が足りないならば作るしかない。水を作るには熱を利用するか、濾《ろ》過《か》膜を利用するか、２つの方法がある。昔は海水を熱して水蒸気を集めて淡水にする方式が主流だったが、これでは燃料費がかさむし、CO_2が大量に発生してしまう。そこで、最近では海水に高い圧力をかけ、濾過膜を通過させて塩分や不純物を除去する方式が優勢になっている。家庭にある浄水器と似たような仕組みで淡水を作るのだ。

中東ではすでに多くの淡水化プラントがあるが、今後は世界的にもっと増えていくだろう。大阪に本社のある**ササクラ（６３０３）**は有力な淡水化プラントメーカーのひとつ。１９４９年に捕鯨船に搭載する海水淡水化装置の製造で創業した。船員が使用する真水を作る機械の製造だ。

同社にとって陸上用の海水淡水化装置を開発したことが大きな転機となった。１９６６年に松島炭鉱池島鉱業所へ日本初の陸上用海水淡水化装置を納入、１９６７年にはクウェート政府から当時世界最大の海水淡水化プラントを受注した。その後、中東諸国の求めに応じてプラント建設を行うなかで海外進出が本格化していった。

日立造船（７００４）は１９７１年に淡水化プラント1号機を建設して以来、日本と中東を中心に世界45カ所にプラントを設置してきた。１日当たりの造水能力は約２００万立法メートル。これは９３５万人分の生活水に相当する（→１１５ページ注）。同社は熱利用と濾過膜利用の両パターンのプラントを建設することができる。

２０１７年に海水淡水化で高い技術を持つオーストラリア企業オスモフローの株式を70％取得し、18年には完全子会社化した。日立造船は海水淡水化プラント事業を強化するだけでなく、「オーストラリアで川の水を飲料水に変える事業にも取り組む。海水淡水化だけでなく総合的な水処理事業を提案したい」（谷所敬会長）と意欲的だ。

ちなみに同社は日立製作所系列の造船会社だったが、現在、日立製作所の出資比率は低く、主要株主のトップ10には入っていない。社名に「造船」とあるが、２００２年に不振だった造船部門を営業譲渡し今では造船業を行っていない。

プラント建設ということではエンジニアリング会社も淡水化プラントで実績がある。エンジニアリング会社国内トップの**日揮ホールディングス**（**１９６３**）は２０１７年にオマーンにおける海水淡水化事業をオマーン電力・水公社より受注した。総事業費は約２００億円。約37万人分の生活用水に相当する日量約８万立方メートルの処理能力を有する海水淡水化設備を建設し、２０２１年から運転開始した。プラント建設に加えて20年間にわたり運営と保守業務も請け負う。オマーンでは人口増加や都市化を背景に、今後水需要が毎年６％ずつ増加すると予測されている。

海水淡水化と下水処理を同時に行う

画期的な発想で淡水化のコスト低減を実現したのは**日立製作所**（**６５０１**）だ。

中東やアフリカ、アジアなどでは水不足解消のために海水淡水化システムへの期待が高まっているが、多大なコストがかかるため普及が進んでいない。同社は海水に下水を混ぜてから処理することでコストダウンに成功した。

淡水化の工程では濾過膜に海水を通過させる時にポンプで圧力をかける。塩分濃度が高ければ高いほど圧力も高くしなくてはならず電力代金がかさむ。そこで、海水に下水を混ぜることで塩分濃度を下げてから濾過して、塩分と不純物を同時に取り除くことにしたのだ。その結果、従来の海水淡水化プラントに比べてコストを30％削減することができた。

この海水淡水化と下水処理を統合したシステムの名称は「RemixWater」。下水を混ぜると聞くと汚いイメージがあるかもしれないが、濾過膜で不純物は取り除くので衛生上の問題はない。

ただ、プラントを長時間運転していると濾過膜に目詰まりが生じる。そうすると濾過膜の性能が落ちてポンプに負担がかかり電力代が増加してしまう。同社はＡＩの活用で目詰まりの発生原因と結果を検証し、プラント運転をコントロールすることにも成功した。

この低コストに注目したのが南アフリカ第3の都市であるダーバン市。同市では人口集中で水不足が深刻化し、水需要が供給を上回るという状況だった。そこで海水淡水化プラントの導入を検討していたものの、高い運転コストが障害となっていた。

ダーバン市内でのRemixWaterの実証事業は２０１６年11月から始まり現在も継続中。ダーバン市の既設下水処理場内に造水量６２５０立方メートル／日の設備を新設し、従来の海水淡水化システムと比べて約30％のエネルギーコスト削減を目指している。実証実験が成功すれば、そのままRemixWaterが導入されるだろう。

日立製作所は**東レ（３４０２）**と組んでサウジアラビアでも海水淡水化プラントの実証事

業を行っている。日立の海水淡水化システムと東レの濾過膜技術を組み合わせて、紅海沿岸に省エネ型淡水化プラント（造水能力・日量１万立方メートル）を建設。サウジアラビア海水淡水化公団（ＳＷＣＣ）とも協力して設備の性能やビジネスモデルを検証している。

１万立方メートルは４万７０００人の１日の生活水に相当することを考えれば実証プラントの規模大きさが想像できるだろう（↓１１５ページ注）。

一般的なプラントに比べて消費エネルギーを２割削減することが目標で、実証事業は２０１８年から２０２３年まで続く。

サウジアラビアは、国土の大部分が年間降水量１００ミリメートル未満の乾燥地帯であり水資源が不足している。そのため生活用水の多くを海水淡水化に依存しており、淡水生産量は世界最大規模であるが、淡水化のためのコストが高いことが課題だ。さらに今後は人口増や工業化に伴なって水需要がさらに増加することが予想されている。

一方、既存設備の老朽化が進んでいることから淡水化プラントの新設・更新を進めなくてはならない。実証実験を通してサウジアラビアに食い込んでいる日立製作所は、今後多くのプラント建設受注を獲得する可能性がある。

淡水化事業で活躍する中堅企業

長崎県に本社をおく**協和機電工業（非上場）**は海水淡水化装置の製造と淡水化プラントの建設を手がける。同社は造水量5立方メートル／日程度の小型機から5万立方メートル／日以上の大型機まであらゆる装置を製造できる。

国内最大の海水淡水化設備は福岡市の「海の中道 奈多海水淡水化センター（通称：まみずピア）」だ。先進的な淡水化技術が採用されており、福岡都市圏に1日最大5万立方メートル（23万人分）の真水を供給している（→115ページ注）。このまみずピアの設計・施工を手掛けたのが協和機電工業だ。現在も同施設の維持管理を担っている。

機械やプラント関連の技術だけでなく、経営全般にも優れており、2020年2月にはグッドカンパニー大賞において優秀企業賞を受賞した。グッドカンパニー大賞とは、公益財団法人中小企業研究センターが優れた成果をあげている中小企業に毎年贈呈している賞だ。1967年には、まだ非上場だった京セラが受賞するなど、受賞企業が後に大企業に成長したケースは少なくない。

水処理エース（非上場）は1977年から主に海水淡水化装置の製造を手がけており、世界各国への納入実績がある。国内では離島の工事現場や海沿いのリゾートホテル、豪華客船の水道施設などに納入されている。

同社は品質確保のため、すべての製品を佐賀県の自社工場で生産する。特筆すべきは、同社が常に淡水化装置の完成品在庫を抱えていることだ。在庫を少なくしておくのが経営の常識だが、同社はあえて在庫を保有して顧客の緊急注文に備えている。異常気象による渇水で工業用水や飲料水が急に不足する事態になっても同社は注文に対応できる。

装置を海外へ出荷する際、コンテナを利用して運搬するのも同社の特徴だ。そのコンテナ内に淡水化装置を配置し、そのまま現場に設置してしまう。コンテナを下ろせば同時に淡水化システムが完成というわけだ。現地工事のコストも大幅に削減できるし、装置の移設が簡単だ。利便性の高さから海外のみならず国内でもコンテナタイプの採用が増えている。

濾《ろ》過《か》膜では日本が圧勝

熱処理より濾過膜を使用するシステムの方が優勢だが、このシステムの心臓部は言うまでもなく濾過膜であり、日本企業は濾過膜の分野で圧倒的に強い。**東レ**（**3402**）、**日東電工**

（６９８８）、**東洋紡（３１０１）**の３社で世界シェアの50％以上を占めている。

東レは１９３３年に自社製のレーヨンを活用して排水処理用の濾過膜を製造して以来、濾過膜の製造を続けている。２０１９年10月にはサウジアラビアの２カ所の海水淡水化プラント向けに水処理膜を受注したと発表した。プラントの造水能力は合計で１日あたり65万立方メートルに及ぶ。これは３０４万人の１日の生活水に相当する（↓１１５ページ注）。

東レは２００９年にもサウジのアラビアのプラントに水処理膜を納入したが、プラントが安定的に稼働してきたことが評価され、新たな受注につながった。

日東電工は２０１８年にシンガポールの水処理プラント向けに濾過膜を受注した。シンガポール初となる海水と貯水池の２種類を水源とする水処理プラントで最大造水量は１日当たり13万７０００立法メートル。プラントは２０２０年に稼働開始した。

シンガポールは国土が狭くて雨水をためにくいため、排水の再利用や海水淡水化によって自国の水を確保しているほか、隣国マレーシアから真水を輸入している。淡水化プラントはシンガポールにとって生命線とも言える。

日東電工は２０００年からシンガポールの排水再利用プロジェクトに参画。水処理膜技術を提供し同国の公益事業庁と共同で排水再利用の事業を進めてきた。水処理プラントの電力量が嵩むことが課題だったが、日東電工が膜面積を拡大して省エネ性と高い透水性を両立させる膜を開発したことが評価されて新プラントでの受注につながった。

　これまでの実績と技術力から、シンガポールでの水ビジネスでは日東電工の優位が揺るがないのではないか。

　東洋紡は１９７０年代から海水淡水化の研究に着手。１９７８年に濾過膜の製品化に成功し販売先を中東に絞ったが、当時の中東では熱を活用した蒸留法が主流だったため相手にされなかった。そこで、同社は同社の濾過膜を組み込んだ淡水化装置を大型トレーラーに積み込んで現地に赴き、既存プラントと比較することで同社製品の優秀さをＰＲした。デモンストレーション効果は抜群で80年代の半ばからは同社の濾過膜が普及するようになっていった。

　２０１０年にはサウジアラビアのエネルギー関連企業ＡＣＷＡホールディングスや伊藤忠商事と合弁会社を設立し、２０１１年からサウジアラビア国内で濾過膜を組み込んだ淡水化用部材を生産している。東洋紡は２０１９年10月、サウジアラビアで海水淡水化プラントから排出される濃縮海水を濾過する濾過膜（ＢＣ膜）の実証実験を開始すると発表した。

　海水淡水化プラントでは淡水を取り出した後の濃縮海水の処理が負担となっている。塩分の高い濃縮海水を一度に海中に流すと生態系を破壊してしまうので、現在は少量ずつ海に流したり、水分を蒸発させて結晶化させたりして処理しているが高いコストがかかっている。

　東洋紡はＢＣ膜の技術を既に持っており、淡水化プラントから出た濃縮海水を希釈された海水と超高濃度な濃縮海水に分離することができる。ＢＣ膜により分離された希釈海水を活用すれば造水量を増加させることが可能だ。同社は実証実験を通じてＢＣ膜の基本特性の把握や技術向上を図る。

淡水化の前処理に使用される濾過膜

世界的に工業廃水や生活排水の増加によって海洋汚染が進んでいるため、淡水化処理をする前にある程度の海水浄化が必要なケースが増えている。この淡水化処理の前工程で使用する濾過膜を製造するのが**旭化成**（**3407**）と**ダイセル**（**4202**）だ。

旭化成の製造する濾過膜「マイクローザ」は中空の糸を束ねた構造になっていて、物理的強度や耐薬品性に優れているのが特徴だ。淡水化プラントだけでなく世界中の浄水場や排水プラントなど約１６００カ所で使用されている。

２０１８年からクウェートの海水淡水化プラントの前処理用濾過膜として使われ、１日61万トンの造水に貢献している。

ダイセルはたばこのフィルターの材料である酢酸セルロースのトップメーカーだが、この技術を活用してセルロース系の濾過膜を開発した。同社の濾過膜は耐薬品性と親水性に優れ、洗浄回数が少なくて済むことから低コストでのプラント運営が可能だ。

ポンプメーカーも活躍

濾過膜に海水を通す過程ではポンプで高い圧力をかけ、海水を濾過膜の反対側に押し出す必要がある。また、海水を取水する際にもポンプを使用する。海水淡水化においてポンプは極めて重要な役割を担う。

西島製作所（6363）はポンプ専業メーカーで、ポンプ国内大手３社のうちの１社。海水淡水化分野において40年の実績があり、水不足が深刻な中東地域や北アフリカ、東南アジア、オーストラリアなどを中心に世界中に数多くのポンプを販売してきた。濾過膜の形状に合わせた高効率のポンプを製造するのが得意だ。

２０２２年にサッカーワールド杯が開催されるカタールでは経済発展に伴って人口が急増している。１９９０年代には約50万人、２００５年で約80万人程度だったが、今や３００万人に迫る勢いだ。首都のドーハに人口の80％が住んでいるが、西島製作所はそのドーハ市内のすべてのかんがいポンプ場工事を請け負った実績を持つ。同社はカタールにポンプの保守点検サービス拠点を持つことから、設備建設後も安定的なビジネス展開が見込める。

　ポンプメーカー準大手の**電業社機械製作所**（**６３６５**）は１９１０年の創業。水車事業からスタートし、それに関わるポンプも作るようになった。当初は水力発電のための水車の製造が中心だったが、１９３０年頃からポンプの生産が本格化し現在に至る。産業用、農業用、上下水道用など各種のポンプを製造するが、海水淡水化ポンプに取り付けるエネルギー回収装置で定評がある。濾過膜で海水を淡水と濃縮海水に分離する際に生じる圧力を回収・利用することで造水コストを低減できる。エネルギー回収効率は98％と世界最高水準だ。２０１９年には日立製作所から回収装置を受注、この回収装置は日立が運営するサウジアラビアの淡水化プラントで使用される。

　工業用ポンプ国内最大手は**荏原製作所**（**６３６１**）。これまで淡水化プラント用大型ポンプを世界中に供給してきており、その技術力は高く評価されている。

　同社の高圧ポンプの中でもとくに強力なポンプは富士山を上回る高さ４０００メートルまで水を噴き上げることが可能だ。また、同社最大のポンプの吐き出し口は直径４・６メートルもあり、このポンプを使えばわずか7秒で25メートルプールをいっぱいにすることができる。

ギャンブルで有名な米国ラスベガス（ネバダ州）は砂漠に囲まれた都市で、生活用水は48キロメートル離れたミード湖から送られている。送水のために使用されているのは荏原のポンプ。モータ出力は世界最大の２５００キロワット、全長は１３０メートルもある。

小型淡水化装置の開発に成功

沖縄に本社のある**ワイズグローバルビジョン（非上場）**は小型淡水化装置の開発・製造に力を入れている。海水淡水化装置は大型のものが多いが、同社の装置で一番軽いものは50キログラム。それでも10時間の連続運転が可能で、毎時間40リットルの真水を作り出す能力がある。創業者の大嶺光雄会長は食品ビジネスを手がけていたが、２００８年に海水淡水化装置の開発に乗り出した。水不足に悩む沖縄に貢献したいとの夢を実現させたかったのだ。

当時、既に大規模な淡水化装置はあったが、導入できるのは自治体や大企業だけ。大嶺会長は中小企業や個人でも導入できる小型で安価な装置の開発を目指した。ところが、思うようには開発は進まず、「難しさに打ちのめされる日々が続いた」（大嶺会長）。

転機となったのは２０１１年の東日本大震災。被災地以外でもコンビニの店頭からミネラルウォーターが消えるという事態を憂慮した大嶺会長は、川やプールの水を飲み水にする浄水器の開発に着手した。海水を真水に変えようと苦労していた同社にとって、真水を浄化する装置の開発はそれほど難しくなかった。震災から6カ月後に非常用浄水器「ウォーターピュア」が完成。手動ポンプを使用するので電力は必要なく、大腸菌や放射性セシウムの除去もできることから、東北のほか海外からも注文が集まった。

　これで経営的に一息ついた同社は２０１２年に最初の海水淡水化装置を商品化。現在は「ＭＹＺ（ミズ）シリーズ」として、サイズや駆動方式などが異なる様々なタイプをそろえる。ちなみに同装置のフィルターには与那国島で取れた化石サンゴが詰まっている。サンゴには不純物を吸着する性質があるためだ。

　スーツケースに入れて運べるほど小さいタイプは漁船などの船舶に搭載されることが多い。漁船にとって真水の確保は絶対条件。従来は大きなタンクに水を充填したり、ペットボトルを大量に積み込んで出港していたが、それでも不足することがあった。水が不足すればどんなに漁が順調であっても港に戻らなくてはならない。同装置を搭載しておけば長期間漁を続けられるので漁獲量が多くなる。また、大きな貯水タンクが不要になれば積載重量が減って船の燃費が向上したり、空きスペースが増えて作業がしやすくなるメリットもある。

　同装置は災害時にも役立つ。最近特に注目されているのが、軽トラック等に搭載して「給水車」代わりに使用する方法だ。給水車を実際に購入するには最低でも数百万円かかる。

しかも、用途は給水のみに限られるので、平時に給水車は邪魔な存在だ。ところが、同装置は小型なので、使用しない時には場所を取らずに保管しておける。

また、海の近くの工事現場ではこの装置がとても重宝される。同装置によって塩抜きされた水で工事機材を洗浄できる。塩分を浴びた機材はすぐボロボロになってしまうが、真水で小まめに洗う事で機械の寿命を延ばすことができる。そのほか、海に近い工事現場ではコンクリートに混ぜる水が不足するケースがあるが、同装置があれば何の心配もない。

今後、同社は淡水化装置の海外販売に力を入れる。既にフィリピン、パプアニューギニア、コンゴなどで導入の実績があるが、アジア、アフリカ地域の企業と代理店契約を結んでさらに販売を強化する。

なお、準大手ゼネコンの**戸田建設（1860）**がワイズグローバルビジョンに出資しており、同装置の普及拡大を図っている。

2 工業用水の確保も重要

超純水の「御三家」とは

ここまでは人間の飲み水確保を念頭に様々な企業を紹介してきたが、工業用水も重要なことは言うまでもない。特に半導体や液晶の製造には大量の水が必要だ。水を確保しなければ日本のハイテク産業は成り立たない。

純水とは不純物をほとんど含まない水であり、純度をさらに上げたものを超純水という。微粒子、微生物、塩素、金属イオンなどが極限まで除去されている。半導体ウェハーや電子回路の基板、液晶パネルには極微量でも不純物が許されないので、製造工程で洗浄する必要がある。その洗浄に使われるのが超純水なのだ。

イメージ的に説明すると、通常の水道水は50メートルプールにドラム缶数本分の不純物が溶けている状態。純水は角砂糖1つ分の不純物が溶け込んでいる状態で、超純水は耳かきひとさじ分といったレベルだ。超純水は医薬品製造にも用いられる。

超純水装置メーカーは**栗田工業**（**６３７０**）、**オルガノ**（**６３６８**）、**野村マイクロ・サイエンス**（**６２５４**）が有力で、超純水の「御三家」とも称される。

栗田工業は総合水処理事業の最大手で創業は１９４１年。同社は超純水製造装置を売るのではなく、超純水そのものを売るビジネスを展開している。

顧客の敷地の一部を借りて、栗田工業の資産である超純水装置を設置し、運転管理、メンテナンスまでを一括して行う。顧客は普通の水道料金を払うように、超純水の使用量に応じて栗田工業に料金を支払う。顧客は装置を購入して保有する必要がないので、設備投資や減価償却費負担がないし、維持管理をする必要もない。水のプロである栗田工業が施設を運営するので顧客は本業に経営資源を集中できる。

ちなみに社名の「栗田」は創業者・栗田春生の苗字からとられているが、現在は創業者一族は経営に関与していないし資本関係もない。

オルガノも総合水処理企業で、大手化学メーカー東ソーの連結子会社。１９５１年に日本初の大型純水製造装置を発売、１９６３年には世界で初めて連続式純水製造装置の販売を開始した。半導体・液晶など電子産業向け超純水処理装置に加えて、電力会社向け純水処理装置も得意とする。

半導体工場だけでなく、火力・原子力発電所でも純水は必要とされている。発電所では高温の水蒸気でタービンを回して発電し、水蒸気は復水器で冷却・凝縮して水に戻る。この水は濾過器や脱塩装置を通すことで超純水となり、再び熱せられて発電に用いられる。

オルガノは発電所向け装置で圧倒的に強い。１９７０年に日本初の商業用原子力発電所である敦賀原子力発電所に装置を提供し、その後安全に運用してきた実績が評価されているためだ。

野村マイクロ・サイエンスは「御三家」の中で売上高が一番小さく、超純水装置に進出したのは１９７４年と一番遅い。水処理事業の全般をこなすが、栗田工業やオルガノに比べて超純水装置の専業色が強い。

１９７５年には超純水装置を日本電信電話公社（現ＮＴＴ）武蔵野通信研究所に納入し、電子産業市場に進出した。１９８３年に韓国へ輸出して以来、サムスングループと関係が深く、米国、中国などを含めてサムスン向け納入実績が豊富だ。

半導体の微細化や電子材料の多様化が進み、これまでよりも高い品質の超純水が求められるようになる。超純水「御三家」が活躍する場面はますます増えることだろう。

廃水処理にビジネスチャンス

工場の有害廃水をそのまま流せば河や湖を汚して水不足がさらに深刻化する。排出する前には一定レベルまで浄化しなければならない。また、浄化した水を工業生産に活用すれば水の有効利用となる。水不足時代において廃水処理は水確保の一環なのだ。

中川化学装置（非上場）は産業廃水処理プラントの設計・施工・メンテナンスを手がけている。１９６０年にメッキ工場の廃水処理を行う企業として創業した。防食性のあるメッキ加工は、産業用・装飾用を問わずあらゆる用途に用いられている。ただ、廃水には重金属などの有害物質が含まれているので適正に処理しなければならない。

廃水と一言に言っても、工場ごとに少しでも生産品が異なれば廃水の質も異なるので、設備や処理方法を変えなければならない。高品質の機械があればそれだけで処理できるのではなく、職人技的な微妙な調整が必要だ。中川化学装置では、工場ごとに細かく対応しながら数多くのメッキ廃水処理設備を開発してきた。現在はメッキ廃水に加えて塗装・フッ素・プリント基板廃水などあらゆる廃水の処理設備を取り扱っている。

最近、アジア地域では工業化で地下水をくみ上げ過ぎて地盤沈下が起きるケースが増えている。こうした地域では地下水の使用が禁止されているので、工業廃水や河川の水を浄化して工業用水として使用するケースが増えている。同社は廃水処理設備に加えて水を浄化する設備の開発・設置にも力を入れている。

「実は日本よりもアジア地区の環境基準の方が厳しいこともある」(同社アジア地区駐在員)。アジア地区で日本国内と全く同じ設備の工場を作ろうとする企業が多いが、こういった方針は現地で受け入れられないことがある。そこで、中川化学装置の現地法人が顧客企業の工場建設の企画段階から相談に乗り、施工のサポートなども手がけている。

日本企業の海外進出に伴って同社の海外進出も進み、現在はインドネシア、ベトナム、メキシコ、タイ、フィリピン、ミャンマーなど海外6か国に拠点を持つ。

神鋼環境ソリューション（6299）は神戸製鋼所の子会社で水処理の機器製造やプラントの設計・施工を行っている。同社の廃水処理技術は多彩で、濾過膜を使用した方式のほか、活性炭や微生物を活用する方式、さらには気泡で汚染物質を分離する方式がある。

最近はベトナムでの活躍が目立つ。２０１０年にベトナムに子会社を設立し、鉄鋼、メッキ、食品、製薬など様々な産業向けに廃水処理設備を納入している。工業化を急ぐベトナムでは先進国以上の環境基準が設定されており、基準をクリアできるかどうかは工場の存続に関わる。高い技術で実績を積み上げてきた同社はベトナム国内で信頼されていて、２０１９

年には同国内最大級の段ボール製造工場（バリアブンタウ省）の廃水処理施設を受注し、２０２０年に完工した。同工場は丸紅系で２０２０年12月から稼働している。

　ベトナムは生活様式の変化でティッシュペーパーやトイレットロールの需要が拡大している。また、ネット通販の普及で段ボール需要も急増していて、２０２０年代前半には東南アジア最大のダンボール消費国になるとの見方もある。こうした流れに乗って日本やタイの製紙関連企業のベトナム進出が増加しており、バリアブンタウ省の廃水処理施設の建設・運営が順調にいけばさらに受注が増えるだろう。

3 上下水道の運営を民間企業が担う時代に

上下水道設備の設計・施工から管理・運営まで

国内では上下水道設備の設計・施工・運営は地方自治体が行うのが主流だが、この分野を民間企業が担うケースが増えている。海外では上下水道が民営化されていることが多いが、日本も徐々に民営化の傾向が強まっているのだ。また、日本企業が海外で上下水道事業を請け負うケースも増加している。

メタウォーター（9551）は上下水道分野で日本最大級のエンジニアリング企業。国内外の浄水場や下水処理場の設計・施工・運営などを担う。また、これらの施設で使用される各種機器類の設計・製造・販売も行っている。同社は2008年に日本ガイシと富士電機の水環境事業部門を統合して発足した。

技術力の高さは国内外で評価されていて、２０１９年にはクボタ建設、建設技研インターナショナル、ジオクラフトなどと共同でカンボジアの「コンポントム上水道拡張計画」を受注した。日本の政府開発援助（ＯＤＡ）案件において、水道施設の設計・施工から運営維持管理までを日本企業が一括受注するのは初めてのこと。プラントは２０２２年１月に完成する。

また、国内では２０２０年に神鋼環境ソリューション、三井住友建設などと共同で神戸市水道局から「上ヶ原浄水場再整備等事業」を受注した。同浄水場が完成するのは２０２５年３月。神戸市は水道事業では初めてＰＦＩ法に基づく事業方式を採用。メタウォーターなどの事業者が施設を建設し、完成直後に神戸市に所有権を移転し、その後は事業者が維持・管理および運営を行う。上ヶ原浄水場の１日の浄水処理能力は７万立法メートルで、約33万人分の水使用量に相当する（→１１５ページ注）。

水ｉｎｇ（非上場）は荏原製作所、三菱商事、日揮が33・3％ずつ出資する総合水処理企業。国内外で上下水道事業を手がけている。１００％子会社の水ｉｎｇエンジニアリングが施設の設計・施工を担当し、同じく１００％子会社の水ｉｎｇＡＭが施設の運営を行う。水ｉｎｇ本体はグループ方針の決定のほか、水処理薬品の企画・販売を手がける。

これまでの実績で特筆すべきは２０１２年に広島県で日本初の民間主体による公民連携水

道事業運営会社「水みらい広島」を設立したこと。出資比率は水ｉｎｇが65％で、広島県が35％。２０１３年から三ッ石浄水場と白ヶ瀬浄水場で運転と維持管理を担っている。両浄水場を合わせた処理能力は1日当たり12万３０００立方メートルで、57万人分の使用量に相当する（→１１５ページ注）。海外でも技術力は高く評価されていて、カンボジア、ベトナム、マレーシアなどで浄水場・下水処理場を建設した実績がある。

三菱化工機（６３３１）はプラントの設計・施工やそこで使用する機械を製造する企業。下水処理関連では微生物を活用し窒素やリン、臭気を取り除く装置を持つ。また、濾過膜を活用した装置は放流先に塩素消毒の影響を及ぼしたくない場合などに使用される。

前澤工業（６４８９）は上下水道用機械の専業大手メーカーで、上下水道施設の設計・施工も請け負う。帯磁性イオン交換樹脂を用いた独自の浄水処理システムは東京都小笠原村父島の浄水場で使用されている。国や自治体が主要な納入先だが、土壌・地下水汚染浄化、産業廃水処理など民間向け事業の拡大も図っている。

濾過膜大手の**東レ（３４０２）**は子会社の**水道機工（６４０３）**を通じて水道事業に参画している。水道機工は日本の水処理業界ではパイオニア的存在で、１９２４年にドイツ製水処理機械の輸入で創業した。１９３１年から塩素滅菌機、急速砂濾過装置など水処理機械の生産を開始。現在の主力事業は上下水道設備の設計・施工・管理・運転だ。東レとの関係を活かしてあらゆる種類の濾過膜を利用した浄水処理設備を開発している。

東レの子会社となったのは２００２年。２００４年に東レグループの水処理システムプラント事業を統合し、プラントの運転管理事業にも参入した。

水道管の更新がビジネスチャンス

上下水道では浄水場や下水処理場だけでなく上下水道管も重要であるのは言うまでもない。実は水道管の老朽化が深刻で取り替え工事は喫緊の課題だ。

水道管の法定耐用年数は40年。しかし、全国の水道管のうち40年超の割合は２０１６年で14・8％に達する（日本水道協会の調査）。２０１８年の大阪北部地震では大阪府高槻市などで、約９万４０００戸が最大２日間にわたって断水した。同市内の法定耐用年数を超える水道管が破裂したのが原因だ。今後は地震のたびに全国で高槻市のような事態が起きる恐れがある。東京五輪が閉幕しても水道管老朽化は止まらない。水道管に関連したビジネスはこれから伸びていく。

上下水道設備に使用される水道管を製造している大手企業は**クボタ（6326）**、**栗本鐵工**

所（5602）、**日本鋳鉄管（5612）**の3社。

クボタは１８９０年に鋳物メーカーとして創業した。明治初期のコレラ流行を受けて上水道施設整備の必要性が高まったことから、水道用鉄管の開発に着手し１８９３年より製造を開始した。現在は水道用鉄管で国内トップシェアを占める。

特に同社が１９７４年に開発した耐震型水道管は国内外から評価が高い。一定の長さの鉄管を鎖のようにつなげた同水道管は管と管のつなぎ目が伸縮・屈曲するだけでなく、離脱防止機能を持つために地震に強い。これまで多くの地震が発生したが、同社の耐震型水道管が被害を受けたことはない。また、理論上は１００年以上の使用が可能な耐震型水道管の開発にも成功している。

水道管から発展して現在ではポンプやバルブの製造、水処理システムの提供など水ビジネス全般を手がけている。

海外展開も進んでいて、１９６０年にはカンボジアのプノンペンで日本企業としては初めて水道工事を受注した。アジア最後のフロンティアと呼ばれるミャンマーとは60年以上前から関係が深く、近年はミャンマー初の経済特区であるティラワ経済特区で工業団地内の浄水・下水処理設備や取水・給水設備の建設工事を担っている。ミャンマーは政情が安定しないが、成長エリアであることは間違いない。

栗本鐵工所は１９０９年にガス・水道用鉄管の製造で創業し、これまで事業を継続してきた。水道用鉄管ではクボタに次いで国内第2位。水道関連ではバルブも手がけている。鉄管以外にガラス繊維強化プラスチックと樹脂モルタルを複合した水道管も製造しており、「強プラ管」の愛称で呼ばれている。

水道用鉄管の第3位はＪＦＥ系の**日本鋳鉄管**。下水のマンホールや水道タンクに使用される鉄蓋の製造も手がける。同社は２０１９年から新たな事業に乗り出した。

一つは水道管工事の現場作業負担を大幅に軽減する器具の開発だ。近年、市街地では円滑な交通の確保のため、水道管の敷設にあたって地面を開削する面積が限られるケースが多い。その分、地下での作業が増えるが作業スペースが狭く、効率性と安全性に問題がある。こうした状況に対応するため、地下で水道管を押し込む作業を容易にする器具「推力伝達バンド・オセール」を開発した。施工前に地上でこれを水道管に取り付けておけば、地下での作業負担が軽減するだけでなく、工事期間を短縮できる。

二つめが米国ベンチャー企業フラクタ社とＡＩ（人工知能）を活用した水道管劣化診断の実用化に向けた共同実験を開始したこと。フラクタ社はＡＩを活用した「水道管劣化予測システム」を全米22州・55社の水道会社に提供している。日本鋳鉄管とフラクタ社は同予測システムの国内販売を目指して２０１８年にパートナーシップ契約を締結した。

２０１９年２月に川崎市水道局と同システムの実証実験を開始したのを皮切りに、神戸市、大阪市、越谷市などの水道局とも共同実験を行い、２０２０年１月から本格販売を開始した。フラクタ社の担当者は「実際の運用を通じて漏水・破損データを蓄積し、さらなる精度向上を目指す」とコメントする。

今後は日本鋳鉄管がフラクタ社の代理店として同システムの販売を開始する。さらに日本鋳鉄管としては劣化箇所の工事用資材の売り込みにも注力する。

優れた独自技術をもつ水道工事会社

水道管は鉄製だけではなく、樹脂製のものもある。**積水化学工業（４２０４）**は樹脂製水道管を製造している。同社は水道管や継ぎ手の製造に加えて老朽化した下水道管をリニューアルする工法と資材も持つ。

老朽化した水道管をリニューアルするには下水を止め道路を掘り返さなければならない。工事期間中は交通渋滞や大量の廃棄物、騒音などさまざまな問題が起きる。しかし、同社の「ＳＰＲ工法」では道路を掘り返さずに古い水道管を甦らせることができる。

硬質塩化ビニル製の帯を老朽管の内側にらせん状に巻きつけ、裏込め材を入れて既存の老朽管と一体化させることで、耐震性や耐久性に優れた水道管に生まれ変わる。道路を掘らず下水を流したまま施工ができるので、周辺への影響も小さいし、廃棄物が大量に発生することもない。

また、この工法では水道管内を流れる下水から熱エネルギーを回収し利用するシステムを構築できる。下水の温度は年間を通して安定しているため、冬場は温熱源として、夏場は冷熱源として活用できる。水道管の内側に熱回収管を埋め込んで熱エネルギーを回収し空調・給湯や融雪などに使用する。

水道管の敷設工事をする企業も忘れてはならない。東京都内に本社を構える**大盛工業（１８４４）**は上下水道工事を主力とする土木会社だ。１９６７年の創業で豊富な実績があり、東京の地下を知り尽くしているとも言える。

同社について特筆すべきは施工技術の高さで、２つの独自工法を持つ。まず１つ目がＬ字型鋼板を使って短期間で水道管を設置する「ＯＬＹ工法（路面覆工工法）」。同工法ではＬ字型鋼板が掘削口の崩壊や地盤沈下を防ぐ。また従来の水道管工事では同じ場所で何度も掘削と埋め戻しを繰り返していたが、同工法では繰り返す必要がない。そのため周辺住民からの苦情が減るし、従来工法に比べて工事期間も短縮できる。

茨城県にＬ字型鋼板などＯＬＹ工法で使用する各種部材を製造する工場を持つ。同社ではこうした部材のレンタル事業も行っている。

２つめが「ピカルス工法」。最近は老朽化した下水道管の内側に新しい水道管を挿入して、実質的に水道管をリニューアルするパイプインパイプ工法が増えている。「ピカルス工法」はパイプインパイプ工法から派生した工法だ。

従来のパイプインパイプ工法では狭い管内で作業しなくてはならず作業員の負担が大きかった。そこに着目した同社はバッテリー機関車と水道管運搬台車を利用して、起伏のある管内にも新しい水道管を挿入できる「ピカルス工法」を開発した。

4 これも水ビジネス「バラスト水」

既存船の搭載期限は2024年

バラスト水とは船体を安定させる「重し」の役割を果たす水のこと。出港地で積み荷がない場合は船底タンクに周辺の海水を詰めて船体を安定させ、寄港地で荷積みをする時に排出する。バラスト水には魚介類やプランクトン、細菌などが混入しているが、これらの外来生物が排出海域の生態系や港湾設備に悪影響を及ぼす。

例えば、本来ヨーロッパに生息するゼブラ貝が北米の五大湖で異常繁殖し、発電所の冷却水の取水口を詰まらせて発電所を停止させた事例は有名だ。その他、北米原産のクラゲが黒海に侵入し、アンチョビの生息数に影響を与えたこともある。

1隻当たりのバラスト水積載量は、船舶の大きさやタンク容量によって異なるが、1年間に全世界で30~50億トンのバラスト水が海中に排出されているといわれている。

２０１７年９月に「バラスト水管理条約」が発効し、国際航海に従事する総トン数４００トン以上の船舶はバラスト水処理装置を搭載することが義務付けられた。新造船はもちろん、既存船も搭載しなくてはならない。既存船の搭載期限は２０２４年９月８日で、船体の大きさによって１隻当たり数千万円から１億円のコストがかかる。

日本海事協会によると水処理装置を搭載する義務があるにもかかわらず、未搭載の国内の既存船は２７８２隻（２０２１年４月末時点）。既存船への工事だけでもビッグビジネスだが、これに新造船や外国船の工事も加わるので経済効果は巨大だ。

処理方法の異なる３社

バラスト水処理には、薬剤注入、電気分解、紫外線照射、フィルターによる濾過など様々な方式がある。

三浦工業（６００５）といえば小型ボイラーのイメージが強いが、水処理関連事業にも注力している。同社のバラスト水処理装置は自社開発のフィルターと紫外線照射でプランクトンや細菌を殺滅するのが特徴。薬品を使用しないため、処理された水が排出海域の生物に影響を与えない。タッチパネルで簡単に操作できるし、機器の状態も常に制御パネルのディスプレイで確認できる。

同装置については消耗品パーツ製造からメンテナンスまでを同社が担当する。北米、ヨーロッパ、中国、アジアなど世界中に拠点があるので、顧客は海外航行中にメンテナンスサービスを受けることが可能だ。

米国は「バラスト水管理条約」を批准しておらず独自の基準を設けているので、米国の港に入稿するにはこの独自基準をクリアしなければならない。三浦工業の処理装置は２０１９年10月に米国の認証も取得した。顧客の海運会社との連携も良好で、２０２０年に発売した処理装置の開発では商船三井の子会社の船舶で試験を行った。

水処理最大手の**栗田工業（6370）**もバラスト水処理装置に取り組んでいる。同社の装置の特徴は薬剤のみで微生物や細菌を死滅させること。フィルターで濾過するタイプの装置が主流だが、濾過システムはスペースを取るし、大規模な設置工事が必要だ。同社の装置は薬剤貯留槽と薬剤注入装置だけのシンプルな構造なので設置面積をフィルタータイプよりも3〜4割小さくできるし、工期も半分程度で済む。船舶の定期点検のついでに設置工事をすることも可能だ。

また、地域によって水質が異なるし、将来は規制が強化される可能性もある。こうした事態に対して同社の装置は薬剤量の調整で簡単に対応できる。濾過タイプの装置の場合はフィルター交換だけでなく、ポンプの交換も迫られる可能性がある。

栗田工業はバラスト水処理装置の海外販売を伸ばすためにノルウェーのチームテック社と提携している。チームテック社は船舶用焼却炉などを製造・販売する機器メーカーで、電気分解とフィルターを併用したバラスト水処理装置を自社製品として保有する。中国、アジア、北米、ヨーロッパに拠点を有することから、栗田工業はチームテック社のグローバルネットワークを使って販売を拡大させる。

ＪＦＥエンジニアリング（非上場）は**ジェイエフイーホールディングス（５４１１）**の事業子会社で、エネルギー・環境・水処理システムや産業機械などの設計、建設を行う。

同社のバラスト水処理装置はフィルターと薬剤を併用した複合処理方式を採用。出港地でバラスト水を積み込む際にフィルターによってできるだけ多くの生物をブロックする。フィルターを通り抜けたプランクトン及び菌類は、その後で殺菌剤によって殺滅処理される。フィルターで多くの生物をブロックした後なので、薬剤単独方式のシステムに比べれば薬剤使用量はかなり少ない。寄港地で排水する前には中和剤によって中和する。

同社の処理装置は２０１０年の第一号機以来、国内外６００隻以上の船舶に採用されてきた。米国での認証は三浦工業よりも先に取得済みだ。

ポンプと薬品の需要増加

薬剤方式の処理装置において、薬剤の注入に**タクミナ（6322）**のポンプが使用されている。「バラスト水管理条約」の規制基準を厳守するには薬剤量を正確に調整できるポンプが必要だ。同社は液体を正確な量で流し続ける定量ポンプを製造している。液体を押し出す際に波が立たず、数量のブレがない。0・1ミリリットル単位の調整も可能だ。液漏れや磨耗に強いだけでなく、配管をコンパクトに設計できるので船内のスペースを有効に使えるというメリットもある。

同社は1956年の創業。当時、飲み水を原因とする伝染病が発生し、その対策に塩素滅菌装置を作ったのが始まりだ。1993年に「匠（たくみ）」と「NATURE（ネーチャー）」を組み合わせて今の社名に変更した。同社のポンプは液晶ディスプレーやリチウムイオン電池の電極材の生産にも使われている。

イワキ（6237）は化学薬液を移送するケミカルポンプの専業メーカー。液漏れの許されないケミカルポンプで実績があることから、同社のポンプもバラスト水処理に活用されている。

中堅化学メーカー**四国化成工業**（**４０９９**）はバラスト水処理装置用の薬剤を生産している。同社は、１９６４年に国内で初めて塩素化イソシアヌル酸の量産化に成功。これを活用してプールや浄化槽などの殺菌・消毒剤、キッチンの排水口に使われる衛生製品などを製造してきた。同社は２０１３年から塩素化イソシアヌル酸をバラスト水処理用に販売している。今後はバラスト水向けの需要増加を予想して徳島工場北島事業所内に新工場を建設する。投資金額は50億円で、２０２０年8月に着工し２０２２年7月から操業開始の予定。

同社はドアノブや床などを拭き取り除菌できる「ネオクロールスティック」を製造・販売している。塩素化イソシアヌル酸を原料にした顆粒タイプの薬剤で、誰でも簡単に除菌用の水溶液を作ることができる。ノロウイルス感染症の流行を機に、２０１４年から老健施設や病院などの衛生管理用品として販売されてきた。新型コロナ感染症の流行により、公共施設での使用が増えている。

大東化学（**非上場**）は人工透析薬に使用される酢酸ナトリウムでは国内シェア5割のトップ企業。同社の無水亜硫酸ソーダや無水重亜硫酸ソーダはバラスト水の薬剤処理後の中和剤として利用されている。１９５０年に三井物産の子会社としてスタートしたが、２０１９年10月に産業ガス大手の**エア・ウォーター**（**４０８８**）の１００％子会社となった。

精米機メーカーも参入

独立系金型メーカーの**ニチダイ（6467）**はバラスト水処理装置のフィルターを製造する。フィルターというと繊維性のものが思い浮かぶが、同社のフィルターはステンレス製。一言で言えば、目の細かいステンレス金網だ。

同社はステンレス素材を接合する技術に優れ、40年以上もステンレス性フィルターを作り続けてきた。食品製造機械や宇宙ロケットの燃料部分などに使用されているが、最近はバラスト水向けの用途が拡大している。

精米機メーカーとして知られる**サタケ（非上場）**はバラスト水に含まれるプランクトンの数を計測する機械「バラストアイ」を製造している。バラスト水と専用の染色剤を混ぜて、LEDで照らすとプランクトンが発光する。計測結果が出るまで最長15分で済む。同社の米の不良品を選別する機械に活用している技術を応用した。

バラストアイは手軽に持ち運べるコンパクトな検査装置で、飛行機内に持ち込み可能な専用バッグパックに収納が可能。船内の通路は狭いし、階段は急なのでコンパクトであることのメリットは大きい。

バラスト水検査をする際にはバラスト水を濃縮しなければならないときがある。サタケは２０１９年に商船三井グループの**ＭＯＬエンジニアリング（非上場）**と共同でバラスト水濃縮装置「バラストキャッチ」を開発した。小型・軽量（約３・６キログラム）で電源不要のため、船上でのサンプル水濃縮作業が大幅に省力化された。

サタケの創業は１８９６年。創業者の佐竹利市が日本初となる動力精米機を考案したのが始まり。１９０８年に竪型研削精米機を開発したことが吟醸酒の誕生につながったというエピソードもある。

（注）東京都水道局の調査では日本人１人当たりの１日の水使用量は２１４リットル。これを基に筆者が計算。しかし、中東エリアでは１人当たりの水使用量が日本よりも少ないと予想されるので、実際は表記以上の人数分の生活水に相当すると思われる。

水ビジネス

淡水化プラント

ササクラ	6303	淡水化プラントメーカー。排水処理装置も手がける
日立造船	7004	淡水化プラントメーカー。造船事業からは撤退済み。ゴミ焼却発電施設などエネルギー事業に注力
日揮ホールディングス	1963	日本代表するプラントエンジニアリング会社。オマーンの淡水化事業に参加。海外売上比率は約6割
日立製作所	6501	国内電機メーカー最大手。海水に下水を混ぜて淡水化と水質浄化を同時に行うシステムを持つ
協和機電工業	非上場	淡水化装置の製造と淡水化プラント建設を手がける。福岡県の大型淡水化施設で設計・施工実績あり
水処理エース	非上場	海水淡水化装置を佐賀の自社工場のみで製造。コンテナを活用したローコスト型淡水化装置が得意

濾過膜

東レ	3402	淡水化装置に使用する濾過膜に強い。大手化学繊維メーカー。炭素繊維では世界首位
日東電工	6988	接着テープや半導体封止材などあらゆる材料を製造する。濾過膜で国内大手。シンガポールと関係強い
東洋紡	3101	濾過膜で国内大手。濃縮海水を濾過する濾過膜を開発中。繊維を中心にフィルムや樹脂、医薬品も
旭化成	3407	濾過膜「マイクローザ」は淡水化プラントのほか世界中の浄水場や排水プラントなどでも使用されている
ダイセル	4202	たばこフィルターの材料である酢酸セルロースのトップ企業。濾過膜は耐薬品性と親水性に優れる

ポンプ

酉島製作所	6363	大手ポンプメーカー。濾過膜の形状に合わせたポンプを製造するのが得意。カタールとの関係強い
電業社機械製作所	6365	大手ポンプメーカー。水車製造で創業し、現在はポンプと送風機を製造。ローコスト運転型ポンプで定評
荏原製作所	6361	工業用ポンプ国内最大手。これまで淡水化プラント用大型ポンプを世界中に供給

小型淡水化装置

ワイズグローバルビジョン	非上場	本社は沖縄。小型淡水化装置の開発・製造に注力。大腸菌や放射性セシウムの除去も可能
戸田建設	1860	ゼネコン準大手。ワイズグローバルビジョンに出資、小型淡水化装置の普及拡大を図っている

超純水

栗田工業	6370	総合水処理事業の大手。超純水製造装置ではなく超純水そのものを売る。水処理薬品も手掛ける
オルガノ	6368	超純水装置メーカーの大手。大手化学メーカー東ソーの連結子会社。発電所向けの純水装置に強い
野村マイクロ・サイエンス	6254	超純水装置メーカー。1983年に韓国へ輸出して以来、サムスングループと関係が深い

廃水処理

中川化学装置	非上場	産業廃水処理プラントの設計・施工・保守を手がける。顧客企業の海外進出に伴い同社の進出も増加
神鋼環境ソリューション	6299	神戸製鋼所の子会社で水処理の機器製造やプラント設計・施工を行う。さまざまな排水処理技術を持つ

上下水道

メタウォーター	9551	上下水道分野で日本最大級のエンジニアリング企業。浄水場・下水処理場で使用する機器類の製造も
水 ing	非上場	荏原製作所、三菱商事、日揮が 33.3％ずつ出資の総合水処理企業。公民連携水道会社を設立の実績
三菱化工機	6331	プラント設計・施工会社。微生物を活用し窒素やリン、臭気を取り除く下水処理機器装置を持つ
前澤工業	6489	上下水道用機械の大手メーカー。上下水道施設の設計・施工も請け負う。国や自治体が主な納入先
水道機工	6403	東レの子会社。日本の水処理業界でパイオニア的存在。1924 年にドイツ製水処理機械の輸入で創業

水道管

クボタ	6326	鋳物メーカーで創業。1893 年から水道用鉄管を生産し国内トップシェア。100 年以上使用できる鉄管も
栗本鐵工所	5602	水道向け鉄管で国内 2 位。繊維強化プラスチックと樹脂モルタルを複合した水道管も製造
日本鋳鉄管	5612	水道向け鉄管で国内 3 位。米国ベンチャー企業と提携し AI を活用した水道管劣化診断サービス展開
積水化学工業	4204	樹脂製水道管を製造。老朽化した下水道管をリニューアルする工法や熱エネルギー回収システムを持つ
大盛工業	1844	上下水道工事を主力とする土木会社。路面覆工工法やピカルス工法などの独自工法を持つ

バラスト水

三浦工業	6005	産業用ボイラー最大手。自社開発のフィルターと紫外線照射でバラスト水内のプランクトンや細菌を殺滅

栗田工業	6370	薬剤のみで微生物や細菌を死滅させるバラスト水処理装置を製造。ノルウェー企業と提携し海外拡販
JFE エンジニアリング	非上場	同社のバラスト水処理装置は 2010 年の第一号機以来、国内外 600 隻以上の船舶に採用されてきた
タクミナ	6322	液体を正確な量で流し続ける定量ポンプを製造。液体を押し出す際に波が立たず、数量のブレがない
イワキ	6237	化学薬液を移送するケミカルポンプメーカー。半導体・液晶市場向けの空気駆動ポンプも手掛ける
四国化成工業	4099	バラスト水処理装置用の薬剤を生産。除菌効果のある公共施設向け薬剤も手掛ける
大東化学	非上場	無水亜硫酸ソーダや無水重亜硫酸ソーダがバラスト水の薬剤処理後の中和剤として利用されている
エアウォーター	4088	産業ガス国内2位。医療用酸素は国内1位。M&A による拡大に積極的。大東化学の親会社
ニチダイ	6467	バラスト水処理装置用のステンレスフィルターを製造。同製品は宇宙ロケットの燃料部分などにも使用
サタケ	非上場	精米機メーカー。バラスト水に含まれるプランクトンの数を計測する機械「バラストアイ」も製造
MOL エンジニアリング	非上場	商船三井のグループ企業。サタケと共同でバラスト水濃縮装置「バラストキャッチ」を開発

第4章

防災・復旧で伸びる企業群

想定を超えた自然災害が増えている

オリンピックと防災の重要性には何の関係もない。昨今の異常気象やインフラの老朽化を考えると防災の重要性は高まるばかりだ。防災関連企業が成長企業であるのは間違いない。

ここ数十年、国内では自然災害が多発している。例えば地震の場合、１９９５年の阪神大震災以降、新潟中越地震、東日本大震災、熊本地震といった大型地震が起きている。

そして、これから心配なのが「首都直下地震」と「南海トラフ巨大地震」だ。政府の地震調査委員会は「今後30年以内に70％の確率で首都直下地震が起きる」と予想している。マグニチュード7程度の大地震だ。最悪の場合、死者2万３０００人、経済被害は95兆円に達する。しかし、地震調査委員会は建物を耐震化して火災対策を徹底すれば死者は10分の１の２３００人に減らせるとの見通しを示している。

静岡県の駿河湾から九州の日向灘にかけての海底は、陸側のプレートの下に海側のプレートが沈み込んでいて「南海トラフ」と呼ばれている。この南海トラフを震源とする大地震が南海トラフ巨大地震であり、政府の地震調査委員会は、マグニチュード8から9の巨大地震が今後30年以内に「70％から80％」の確率で発生すると予測している。

被害は、四国や近畿、東海などの広域に及び、東日本大震災を大きく上回る。最悪の場合、関東から九州にかけての30都府県合計で32万３０００人が死亡し、経済被害は２２０兆３０００億円に上るとされている。

しかし、多くの人が早めに避難した場合、津波の犠牲者は最大でおよそ80%少なくなり、建物の耐震化率を引き上げれば、建物の倒壊はおよそ40%減らすことができる。

首都直下地震と南海トラフ巨大地震を防ぐことはできないが、被害を小さくしたり、地震が起きた後の復旧を迅速に行うことは可能だ。これからさまざまな対策が講じられることになるが、そこにビジネスチャンスがあるし、成長する企業も存在する。

また、このところ台風や豪雨などによる被害も深刻だ。２０１９年は9月に台風15号が東日本を強襲、千葉県では屋根の破損が続出して屋根をブルーシートで覆う家が続出した。さらに10月は台風19号が関東甲信越・東北地方を通過し、河川の氾濫など大きな被害をもたらした。長野市の新幹線車両センターに停めてあった新幹線10編成が水に浸かって廃車となるという被害もあった。

２０２０年は7月3日から7月31日にかけて、熊本県を中心に九州や中部地方など日本各地に集中豪雨が発生した。熊本県の被害が甚大だったため、一部の報道機関はこの集中豪雨を「熊本豪雨」と表記している。

気象庁によると、7月1～10日に全国のアメダスで観測した降水量の合計は1982年以降で最大だった。また、7月1～10日に1時間50ミリメートル以上の降水が発生した回数は82回で、1982年以降最多だった。台風の大型化によって今まで見たことがない被害を目にすることが増えている。

さらに、最近はゲリラ豪雨で町の機能が一時的にマヒしてしまうのが珍しくなくなった。昔は限定された10キロメートル四方のエリアに1時間で80ミリメートル以上の雨が降るということは考えられなかったが最近では珍しくない。

従来よりも災害規模が拡大するならば、インフラもソフトも新たに構築したり、リニューアルしたりしなくてはならず、ここにビジネスチャンスがある。

国土強靭化基本法が2013年12月に公布施行されて約8年が経ち、政府は防災や災害復旧関連事業をさらに強化する姿勢を示している。防災や災害復旧に関連した企業は国策に支えられた成長企業といえる。

1　高度な技術を持つ建設・土木会社

補修工事に特化した建設会社とは

ショーボンドホールディングス（1414）は建設会社だが、新築工事は一切行わない。同社は道路、橋梁、トンネルといったコンクリート構造物の補修工事に特化した企業なのだ。同社は自らを「コンクリート構造物の総合メンテナンス企業」と呼んでいる。

　技術を重視する同社は、つくば研究学園都市に「補修工学研究所」を持ち、研究開発を進めている。つくば研究学園都市に研究所を置くのは、他の民間研究機関や公的研究機関と共同研究を行いやすいというメリットがあるからだ。

　同社ではより実践的な研究開発ができるように、各種の大型実験装置や環境条件設定装置を保有している。研究対象として、実際の工事現場と同じ大きさのコンクリート構造物までを用意している。

同社は工事の品質を重視しており、工事に使用する資材も自前で製造する（資材とは接着剤、注入材、シール材、充てん材などのこと）。

また、建築物に付随する各種の配管や配管をつなぐ部品も、時間が経てば老朽化や損傷を免れない。同社は配管をつなぐ部品の製造もしている。実際に工事で使用しながら開発した資材の品質は高く、外販も行っている。ちなみに社名のショーボンドは１９５９年に開発した土木建築用接着剤「ショーボンド」に由来する。また、借金ゼロという財務体質の強さも特徴だ。

防災の基礎は地盤改良から

不動テトラ（１８１３）は地盤改良トップの不動建設と、消波ブロック大手のテトラが２００６年に合併してできた企業。主要事業は土木、地盤、ブロックの３つ。

地盤沈下や崖崩れなどから建築物を守るためには、地盤の状態を把握し建築物に適合するように地盤を造成しておくことが不可欠。現在、世界中で最も多く用いられている地盤改良法は「サンドコンパクションパイル工法」だが、この工法を１９５６年に世界で初めて開発したのが不動テトラ（当時は不動建設）だ。同工法以外にもさまざまな工法を開発し、これまで港湾や空港、建物用地の液状化・地盤沈下防止に取り組んできた。地盤改良用の大型機械や実験場を自前で持つのが強みで、これまで東京国際空港や神戸空港など多数の施工実績がある。

土木工事では道路・鉄道など陸上土木も手がけるが、防波堤、護岸、人工島など海洋土木を得意とする。

消波ブロックでもトップ企業で、消波ブロックの代名詞ともなっている「テトラポッド」は、不動テトラの登録商標だ。

２０１１年に発生した東日本大震災では多くの防波堤が津波によって破壊された。防波堤の強度を高めるには土台部分をかさ上げする必要があるが、そこで有効なのが消波ブロック。防波堤の強化は国家的な重要課題であり今後の需要増加に期待できる。海洋土木部門と消波部門が連携して海洋工事に取り組むことができるのが同社の強みだ。埋立、防波堤建設、橋梁基礎工事、海底トンネル工事などの海洋土木工事や港湾施設の建築工事を行うゼネコンをマリコンと呼ぶが、そのトップ企業が**五洋建設**（**１８９３**）。会社規模での分類では準大手ゼネコンに入り、陸上の土木工事も手掛けている。

同社の創業は１８９６年。戦前から海洋土木の技術は高く評価されており明治・大正年間は海軍の軍港建設を請け負った。第2次世界大戦では大きな痛手を受けたが、1957年にはインド・ゴア港の工事に参加し、海外進出の第一歩を踏み出す。1961年にはスエズ運河の改修工事を受注し、技術力の高さを世界に知らしめた。1970年代はエジプト、シンガポール、イラク、カタールで大型工事の受注が相次ぎ、1975年から1980年はスエズ運河の増深拡幅工事を行った。

近年の施工実績には目を見張るものがある。関西国際空港、中部国際空港、羽田空港といった臨海部にある空港の建設工事はもちろん、明石海峡大橋、レインボーブリッジ、東京湾アクアライン、東京ゲートブリッジなどの工事にも参加した。

同社は防災関連工事も得意としており、地震による液状化を防止する技術「浸透固化処理工法」を持つ。これは液状化が予想される地盤内に薬液を注入し、砂と砂の間の水分を固結化させて液状化を防止する技術。

通常、液状化防止工事の期間中は地面上の施設の利用を止めなければならない。しかし、この工法では小型の施工機械が細い注入管で薬液を注入するので、液状化対策が必要な箇所だけをピンポイントで改良できる。そこで、地面上の施設の稼働にあまり影響を与えない。

東日本大震災で仙台の沿岸部は液状化の被害を受けたが、浸透固化処理工法を使って五洋建設が施工した仙台港高松埠頭は液状化しなかった。その他、東京国際空港新B滑走路や新千歳空港滑走路などでも同工法が用いられている。

現在は津波の様子を予想する「津波浸水シミュレーション」の開発を進めている。津波は海岸付近の地形の影響を強く受けることから、その被害も地域によって大きく異なる。津波浸水シミュレーションは、対象地域の浸水の深さや最高水位、最大流速、到達時間などを予測できるので、各地域に適した防災工事計画を立てることが可能だ。

中堅ゼネコンの**日本国土開発**（**1887**）は1951年、当時の吉田茂首相の応援などにより土木工事の機械施工を普及させる目的で設立された。国策会社としてスタートしたことになる。これまで大規模造成工事で多くの実績があり、東日本大震災の復旧復興事業に積極的に取り組んでいる。

同社は独自の土質改良機と改良工法を持つ。土質改良機とは土木・建設工事等で発生する残土や瓦礫を改良土として再生する機械のこと。

同社の工法は「ツイスター工法」と呼ばれ、円筒内で高速回転するチェーンの打撃力で残土や瓦礫の破砕・細粒化を行うとともに、添加材料を均一に分散させる。従来の土質改良機では処理できなかった水分を多く含む粘土や軟岩、コンクリート塊、貝殻などにも対応できる。

また、同工法は土壌汚染対策にも有効だ。汚染土壌を浄化するためには土壌に添加剤を混ぜるが、従来技術では土塊中の有害物質を浄化できないことがあった。しかし、ツイスター工法では、土塊を細かく砕くことで、土塊中の有害物質まで浄化できる。

斜面の安全を強化する企業

矢作建設工業（1870）は名古屋に本社を置く中堅の総合建設会社。同社のパンウォール工法は斜面の補強に有効だ。同工法ではコンクリートパネルを杭で固定して斜面を補強する。同工法の大きな特徴はコンクリートパネルを斜面の上から下へ貼りつけていくこと。通常の斜面補強工事では下から上に施工していくが同工法はその逆なのだ。災害直後に復旧工事をする場合、下から上に施工していくと追加的な土砂崩れが起きる可能性があり斜面の下はとても危険だ。しかし、上から作業を進めれば二次災害が起きにくく作業員の安全を確保できる。

また、型枠の中にコンクリートを流し込む方式ではなく、工場で製造したコンクリートパネルを使用するため工期の短縮・省力化が可能だ。

他の工法よりも急勾配の斜面に施工することが可能なので、斜面の上部や下部の土地を有効に利用できる。例えば斜面下の道路の車幅を広げたり、車線を増やしたりできる。
研究開発に熱心な会社として知られ、外付耐震補強工法、土壁補強工法、地盤改良工法などを独自開発した実績がある。鉄道技術研修センター、エンジニアリングセンターを有し、技術力向上を追求している。

地元の超優良企業である名古屋鉄道が筆頭株主であり、今後の名古屋地区再開では各種工事の受注増加が期待できる。

ライト工業（**１９２６**）は１９４３年にトンネル防水事業で創業した。防水工事から始まった伝統を引き継ぎ、斜面の落石・地滑り防止や地盤改良工事が主力事業になっている。売上高の約７割が防災関連の事業だ。

土砂崩れを防ぐには水の浸入や浸食を防ぐためにモルタル（セメントと砂と水を混ぜたもの）を吹き付け、補強しなければならない。従来の工法では人がモルタルを担ぎ、崖の上から垂らしたロープに体を固定しながら斜面補強の作業をしていた。ただ、この作業では事故が多かったため、ロボットを活用した工法「Robo-Shot」を開発。遠隔操作で従来工法の３〜５倍のモルタルを吹き付けることが可能になった。

日特建設（**１９２９**）は斜面補強や崖崩れの修復、地盤改良といった土木工事を得意としている。１９５３年に北海道でダム基礎工事を主力事業として設立。地質調査と土木工事を一体施工できることから、黒部ダムなど国内のダム基礎工事で多数の実績がある。

北海道から沖縄まで全国に拠点があり、これまで災害復旧や防災工事を地道に請け負ってきた。同社は多くの技術系社員が複数の資格を有しているので、あらゆる工事に対応できる。

一時期はマンション建設も手がけており、これが原因で経営危機となったが、２０１６年3月期には負債を完済した。現在は株式会社麻生の孫会社となっている。麻生とは麻生グループの統括会社で、第92代内閣総理大臣・麻生太郎の実弟である麻生泰が会長を務める。

今後は災害時に発生した流木・倒木や汚泥などを法面の復旧工事に活用する工法を自治体に提案していく。災害時に発生する木質の廃棄物は、バイオマス発電の燃料などに活用されることがあるが十分とは言えない。法面の基盤材としても活用すれば、法面の復旧と廃棄物処理を同時に進めることができる。最近は台風による瓦礫の発生が深刻な問題になっているので、この工法にはビジネスチャンスがある。

停電解消に貢献する企業とは

災害で電線網が破壊されると都市機能は完全に麻痺してしまう。何が何でも電線の復旧を急がなくてはならない。**関電工**（**1942**）は電気設備工事会社では国内トップクラス。東京電力のグループ企業であり全売上高の約４割が東電向け。２０１１年の福島原発事故後、東電からの受注量が減少し業績が悪化したが、その後は民間オフィスビルや工場・商業施設向けの工事を増やし業績が回復した。電気設備工事に加えて空調、給・排水設備、情報通信などの工事も手がけている。

最近は台風被害などの復旧工事が増加しているが、既存ビルや工場のリニューアル工事にも注力している。ビルや工場のリニューアル工事を部分的に請け負うのではなく、ビル全体の設備診断から施工、アフターサービスまで一括して請け負う。

電力会社はグループ内に電気設備工事会社を持つ。電力会社と電気設備工事会社の組み合わせは次の通り。

北海道電力・**北海電気工事**（**1832**）、東北電力・**ユアテック**（**1934**）、中部電力・**トーエネック**（**1946**）、北陸電力・**北陸電気工事**（**1930**）、関西電力・**きんでん**（**1944**）、中国電力・**中電工**（**1941**）、四国電力・**四電工**（**1939**）、九州電力・**九電工**（**1959**）、沖縄電力・**沖電工**（**非上場**）。

電気設備工事会社は地味な存在だが、被災後の復旧工事や防災のためのリニューアル工事では重要な企業だ。

地盤に強い総合コンサルタント

応用地質（9755）は地質調査会社と呼ばれることが多いが、実際の業務は地質調査だけではなくかなり幅広い。応用地質は「地盤に強い総合コンサルタント」と称して企業や自治体の災害対応支援、インフラの維持管理を行っている。

近年は想定を大きく上回る豪雨が頻発し、大規模水害が増加している。応用地質では、堤防や水門といった河川施設の設計から監視システムの設置、浸水ハザードマップの作成までを行っている。コンサル会社ではあるが水位計の開発も行い、国土交通省から高く評価されてる。

水害だけでなく、地滑りや斜面崩壊への対応も行う。日本は国土が地震で揺さぶられることが多いため地質が脆弱だ。また、台風も多いため崩壊危険のある傾斜地や地滑り発生懸念箇所が至るところに存在する。

そこで、斜面の地質調査や対策工事の策定を手がけるほか、自治体の避難訓練や防災計画のサポートなども請け負う。そのほか土砂災害監視センサや避難支援システムの開発も行っている。

東日本大震災に伴う大規模な津波災害を受け、２０１１年12月に「津波防災地域づくりに関する法律」が施行された。同法は津波の浸水域や浸水深を設定・公表し、津波災害警戒区域の指定を行うように都道府県へ求めている。同社は巨大地震で想定される津波の高さ、各地の海岸に到達する時間を予測し、都道府県や自治体の避難計画や安全対策の立案に貢献している。

地震が起きれば火災被害も懸念される。同社は実際の町並みをベースに風向・風速・出火件数・建物構造などの諸条件を組み合わせ、地域ごとの延焼状況を時系列で予測する火災延焼シミュレーションシステムを持っている。

日本は火山国なので火山爆発に対する備えも必要だ。同社は気象庁からの要請で全国の火山に同社の火山総合観測装置を設置した実績がある。そして火山灰による経済被害等を予測するための降灰シミュレーションも提供している。

地質調査データから3次元モデルを作成

応用地質はトンネル・橋梁といった道路構造物や河川堤防などの点検業務において豊富な

実績を有するほか、構造物の老朽化を診断するセンサやモニタリングシステムの開発も手がけている。コンクリート内部の鉄筋や道路舗装状態を検査する装置も自社で開発しているのが同社の強みだ。

インフラの安全確保のためには地盤から安定させなければならない。地面の下に隠れたリスクを見つけるためには地盤の可視化が重要だ。同社は地質調査データを基に三次元地質モデルを作成するソフトウェアを開発し工事業者などに提供している。

同社にとって環境ビジネスは主要事業の一つ。そこで、災害廃棄物のリサイクルや被災地復旧のための災害廃棄物処理計画の策定も行う。

東日本大震災で岩手県6市町村の災害廃棄物の処理計画作成と施工監理を担当して以来、膨大な災害廃棄物を分析、運搬、リサイクルするための独自のノウハウと技術を蓄積してきた。同社は独自開発した災害廃棄物発生シミュレーションシステムを活用して任意の地点における震度や降雨量、建物の全・半壊数を予測し、災害廃棄物の予想量を算出する。さらに最近はドローンを活用して廃棄物量の算定や自然発火の監視を行っている。

2

防災・復旧で活躍する機器たち

防災・復旧でもドローンが活躍

世界のドローン業界では中国のＤＪＩの強さが目立つが、日本国内にも有望なドローン企業はある。**自動制御システム研究所（6232）**はドローン専業で国内唯一の上場企業だ。機体の開発・販売とドローンを活用したソリューションビジネスを展開している。

創業者の野波健蔵氏は千葉大学名誉教授で、日本のドローン分野では第一人者。２０１５年から提携メーカーに委託してドローンの量産を開始した。

既に防災・復旧分野では実績がある。２０１９年10月には台風19号により孤立した奥多摩町日原地区にドローンで救援物資を輸送した。

また、２０２１年３月には北海道電力と提携し、水力発電所の設備内を点検するドローンを開発したと発表した。ドローンが飛行するのは、水力発電所で貯水池と発電所をつなぐ位置にある「調圧水槽」と呼ばれる設備の中。円柱の構造で内部が暗く、内壁を目視で点検するのが困難な場所だ。ここをドローンが飛行し、写真を撮影することでひび割れなどをチェックする。

北海道電力とのドローンの共同開発は初めてだが、２０２０年８月には関西電力と共同で火力発電所の煙突内部を点検するためのドローンを開発した。

同社は災害時のドローン使用について消防庁や自衛隊と協定を結んでいるため、災害時に同社のドローンが活躍することが増えていくだろう。

ドローン開発を手がけるベンチャー企業**リベラウェア（非上場）**は屋外の大空を飛行する一般的なドローンではなく、ＧＰＳやコンパスを使用できない閉鎖的な狭い空間で使用するドローンを開発・生産している。

トンネルや配管（ダクト）、ボイラーの内部など過酷な現場の検査に使用されるので、耐久性が高くなければならない。同社では品質を確保するためにフライトコントローラーやフレーム、モーターまでを自社開発し国内で生産している。このため、外国製のドローンと違い、現場からのフィードバックを素早く製品に反映させたり、企業ごとのカスタマイズに対応することが可能だ。

狭小空間を点検するにあたり、周囲に衝突することなく飛行することは不可能。そこで重要になるのが、周囲と衝突しても飛行姿勢を崩さず飛行を継続することのできる制御技術だ。前後左右の防御ガードと長年の研究で培った制御技術により、同社のドローンは多少の衝突では墜落しない。また、バッテリーを含めても２００グラム以下の機体であるため、万一、落下しても施設を傷つける可能性は低い。

同社では機体を販売せずに顧客へレンタルし、撮影データの分析や３Ｄ化などのサービス提供を手がけている。顧客がドローンを操作できない場合は、同社から操縦者が訪問して操作する。

現在は一酸化炭素や硫化水素といった有毒ガスを検知するドローンを開発中だ。これまで同社のドローンはトンネルや配管（ダクト）、ボイラー内の点検に使用されてきた。しかし、顧客は設備点検以外に現場が安全な環境かどうかの情報も求めている。そこで、一酸化炭素や硫化水素の濃度を測定する検知器を搭載したドローンを開発することにした。この製品を活用すれば、設備修繕の作業を始める前に、より安全に効率よく有害ガスの有無をチェックできる。

シャッターでゲリラ豪雨から建物を守る

近年、日本各地でゲリラ豪雨による浸水被害が多発している。1時間当たり50ミリメートル以上の雨によって、建物や地下街などが甚大な損害を被ることは珍しくない。このゲリラ豪雨による増水から建物を守るのが**文化シヤッター（5930）**の浸水防止用設備「止水マスターシリーズ」だ。読んで字のごとくシャッターで水の侵入を止める。

止水マスターには大型から小型まで、そしてシャッター以外のドアタイプや止水板など様々な種類がある。

止水マスターシリーズの中の有力製品である「アクアフラット」は止水性能をもつアルミ製パネルシャッターだ。全閉時に本体のパネル全面で開口部の浸水を防ぐ。浸水の高さ最大3メートル、最大間口7・5メートルまで対応する〝高水位〟タイプの止水商品で、地下鉄や地下街、地下機械室の出入り口に最適だ。通常時は普通の管理用シャッターとして使用できる。

ビルなどの建物の入り口に設置する止水板「ラクセット」は開口部に金具で簡単に固定するだけ設置が可能だ。アルミ製で高さは最大60センチメートル。ゲリラ台風などで増水のスピードが速い場合でも対応しやすい。止水板が水の圧力をしっかり受け止めるので、設置後も扉を開閉することができる。

ちなみに止水マスターのイメージキャラクターは浦和レッズのＧＫで日本代表の西川周作選手。浸水から建物をがっちり守るということだ。

文化シヤッターは国内シャッター業界で三和ホールディングス（５９２９）に次いで第２位。シャッター以外にドア、パーティションといった住宅・ビル用建材も手掛けている。

正式社名表記は「文化シヤッター」だが、発音は「シャッター」。

東京五輪で活躍する水中ポンプ会社

全国で豪雨災害が多発しており、排水のための水中ポンプの需要が高まっている。ポンプにもいろいろあるが、水中ポンプとは本体を水中に沈めて水を汲み上げるポンプのこと。水中ポンプのトップメーカーは**鶴見製作所（6351）**で市場シェアは約３割。

同社のポンプはゲリラ豪雨で地下街や地下道に水がたまった時や堤防決壊で床上浸水したときなどに活躍する。

また、建設・土木工事の際には湧き出た地下水が工事の邪魔になることが多いし、海や河川での工事では水を除去しながら工事をしなければならない。同社のポンプはこうした水に近いエリアでの工事にも使用され、これまで瀬戸大橋、関西国際空港、東京湾横断道路などの大規模工事で使用されてきた。今後は品質の高さが評価されて防災工事や災害復旧工事で使用されることが増えるだろう。

同社はこれまで1時間の降雨量50～60ミリメートルに対応するポンプを生産してきた。しかし最近は1時間100ミリメートルを超える豪雨が頻発しているので、より大きなポンプの生産を増やすことにした。

直径2メートル以上、高さ10メートル以上のポンプを製造するには大がかりな設備が必要となるため、約20億円投資して鳥取県・米子工場の敷地内に新しく大型ポンプ生産棟を建設している。完成は2021年12月の予定だ。ここで生産される大型ポンプは一般的な25メートルプールの水を15秒で排出する能力があるそうだ。

ちなみに東京五輪のカヌー・スラローム競技会場では、同社の大型水中ポンプが水流を作るために使用された。

3 素材のチカラがインフラを救う

ブルーシートのトップ企業

岡山県に本社を置く**萩原工業**（**7856**）はブルーシートや防災シート、さらにコンクリート補強繊維などを製造している。

ブルーシートはアウトドアレジャーの際に敷物として使用されるが、建築現場では資機材の野積みカバーとして用いられる。そして災害時にもたいへん役に立つ。

２０１９年には台風で千葉県内の多くの家屋の屋根が飛ばされる被害があったが、このときに活躍したのがブルーシートだ。多くの家では風雨を防ぐために壊れた屋根の上をブルーシートで覆った。あまりにも多くの家で使用されたので、一時期は日本中でブルーシートが足りなくなったほどだ。

実は中国製の安価なブルーシートはすぐ破れてしまったが、日本製のものは風雨に負けることがなかったそうだ。萩原工業はブルーシートの大手メーカーとして知られている。

同社は建築・土木現場で使用される防災シートも製造している。街を歩いていると建設中のビルがシートで覆われていたり、建築現場がシートによって周囲と隔てられているのをよく見かける。

防災シートは工事現場から塗料や粉塵が周囲に飛散するのを防ぐほか防音機能も持つ。また、現場を風雨から守る役割もある。

萩原工業は現場の状況に合わせた防災シートを供給している。例えば、住宅が近い現場では高い防音性能が求められるが、防音性能を上げるとシートが重くなり、運搬や施工時の作業負担が大きくなってしまう。「軽量」と「高防音性」は両立しないのが常識だが、顧客は両立を強く求める。そこで、同社ではこれまで防災シートに使用されることのなかった軽量樹脂のポリオレフィンを活用することで「軽量・高防音性」を実現した防災シートの開発に成功した。

作業員の健康を考慮すれば夏期に現場が暑くなるのは避けたいもの。同社では現場と周囲の安全を確保するだけでなく、通気性も兼ね備えたメッシュタイプ防災シートも製造している。

萩原工業が製造するバルチップはコンクリートの耐久性を飛躍的に高める資材として、世界55カ国の構造物に採用されている。バルチップを混ぜるだけでコンクリートの耐久性が向上する。コンクリートの補強材は鉄製が一般的だが、バルチップは合成樹脂素材でできている。

コンクリートは圧縮には強い反面、引張力には弱い素材だ。地震などで左右に引っ張られると亀裂やひび割れを発生させてしまう。バルチップがコンクリートにしなやかさを与え、耐久性を向上させる。鉄とは違い錆びることがないので、コンクリートを劣化させることもない。

これまで亀裂やひび割れを防ぐには鉄筋を組み、そこにコンクリートを流し込まなくてはならなかったが、鉄筋を組むのはコストが嵩むし作業員の負担が大きい。バルチップ工法では鉄筋が不要なので従来よりも期間とコストを低減できる。すでにトンネルや倉庫の土間、鉄道軌道の枕木の下、道路舗装などに幅広く使用されている。

繊維加工メーカーから土木資材メーカーに転身

福井県と言えばかっては繊維産業が盛んな地域だった。その福井県で繊維加工メーカーとして創業し、その技術を活かして土木資材メーカーに転身したのが**前田工繊**（**７８２１**）だ。同社の盛土補強・軟弱地盤安定材「アデム」は発売から30年以上が経過するロングヒット製品。これまで数多くの高速道路の壁面や法面に使われており、施工実績は全国で1万件を超える。アラミド繊維とポリエチレンから作られており、アラミド繊維の高強度・軽量・高耐久といった特質が活かされている。

従来、土木工事用土のう袋には穀物輸送用のコンテナバッグが使用されてきたが、長時間の屋外設置に耐えうるものではなかった。２００４年に発生した福井豪雨の復旧工事では2カ月程度で土のう袋の劣化が進み、クレーンで吊り上げ撤去ができないという問題が発生した。この経験から同社は、数年間の耐久性を有する土のう袋「ツートンバッグ」を開発した。原糸に練り込まれた紫外線吸収剤が化学繊維の劣化を抑制するため、災害復旧工事や備蓄など、様々な用途で数年間設置した後でも移動が可能だ。現在では土のう袋の国内市場で同社のツートンバッグがシェア1位となっている。

コンクリート製の構造物は50年以上経過するとかなり劣化してしまうが、日本国内には老朽したコンクリート製の構造物が多い。国土交通省の調査「社会資本の老朽化の現状と将来」によれば、２０３３年3月までに、全国にある73万の橋のうち、約63％が設置から50年を過ぎる。全国に1万本あるトンネルの場合、約42％が50年を過ぎ、水門など河川管理施設は約

62%が50年を過ぎる。老朽インフラの補修・補強は喫緊の課題だ。同社は補修・補強に必要なあらゆる素材と工法を有する。

例えば、カーボン繊維シートは、鉄と比較して比重は約4分の1、引張り強度は約10倍の補修・補強用繊維シートだ。接着樹脂により既存コンクリート部材に接着する。

河川の決壊を防ぐ「ボトルユニット」はポリエステル繊維でできたネット状の袋。昔は川の流れから陸地を守るために岸辺に大きな石を沈めていたが、近年は護岸に適した大きな石が不足している。そこで、現地にあるそれほど大きくない石やコンクリート塊をネット状の袋に詰め、それを岸辺に沈めることによって河川の決壊を防ぐ。また、橋脚付近に沈めて橋を守ることにも使われる。この袋は中詰石材を4トンまで充填し、クレーンで吊り上げても破れない強度を有する。また、海岸が波で侵食をされるのを防ぐネット状の袋もあり、商品名は「パワフルユニット」という。

4 作業員を守る作業服

オシャレじゃなければ売れない時代

防災現場では作業員の着る作業服も重要だ。作業服専門店を展開する**ワークマン（７５６４）**は、最も注目されている作業服関連企業と言っていいだろう。関東からスタートして全国に出店し、現場作業や工場作業向けの作業服専門店として国内トップに成長した。店舗は全国に９０６店（２０２1年3月末時点）。低価格であるため「作業服のユニクロ」と呼ばれることもある。

建設関係者は1年中、暑い日も寒い日も屋外での作業をしなくてはならない。過酷な環境下で機能の低い作業服を着ていると、低体温症や熱中症を発症することもあるので作業服はとても重要だ。

ワークマンの作業服は、防水性や防寒性、遮熱性、速乾性、ストレッチ性などの機能に優れているだけでなく、低価格ということもあって年々売り上げが拡大している。

作業服の機能性に魅かれてバイクライダーや釣り人も購入していることに目をつけ、カジュアル色を強めたＰＢ商品も開発したところ大ヒット。２０１８年にはカジュアルなＰＢを専門に扱う新業態店「ワークマンプラス」を開設し、大人気となっている。同店では「アウトドア用」「スポーツ用」「雨用」と3種類のＰＢ商品を扱っているが、鮮やかな色のジャケットやインナーウエアの並ぶ様子はアウトドアショップのようだ。

２０２０年10月には女性向け商品を主体とした新業態店「#ワークマン女子」をオープンさせた。作業服や作業用品は扱わず、一般客のみを対象にカジュアルウエアを販売する。20年12月28日の「日経ＭＪ」では今後のさらなる成長が見込めるとして「２０２０ヒット商品番付（ファッション編）」で「横綱」にランクインした。

作業服の大手メーカー**自重堂**（**3597**）は元プロ野球選手の新庄剛志や俳優の市原隼人などを採用した積極的な広告宣伝で知られる。一口に作業服と言っても15ブランドあり、それぞれのブランド特性を強調し、差別化を図りながらビジネス展開している。作業服であっても若い作業員は見た目を意識する。そして最近は若い女性作業員も増えているのでファッション性を無視した作業服は売れない。

同社のヒット商品は「空調服」。空調服とは作業着にファン（扇風機）が内蔵されている作業服のことで、暑い場所で作業する人を熱中症から守る。空調服はただ単に涼しいということだけでなく、エネルギーコスト削減や作業効率アップにも貢献する。

職場の温度を下げるにはエアコンを使うが、工場などの大きな施設では多大な電力が必要となる。また、冷房の効きすぎで体調を崩す人もいる。その点、空調服なら働く人数分だけを用意すればいいし、個人ごとに強弱を調節してその人にとって一番快適な体感温度を実現できる。

体温を一定に保つためには休憩して身体を冷やす必要がある。空調服を着用していれば作業しながら体の冷却を行うことができるので、連続作業が可能となり作業効率がアップする。

自重堂は作業服以外に医療用白衣や飲食店ユニフォーム、介護服なども手がけている。自己資本比率８０％を超えており財務体質は極めて良好だ。

ユニフォームネクスト（３５６６）は建設作業向けや飲食店、医療機関、オフィス用ユニフォームをネット通販している。１９９４年に福井市でワイケー企画を設立してユニフォーム販売を開始した。当初は福井県内の顧客に対し対面販売していたが、２００８年に飲食店向けユニフォーム通販サイト「フードユニフォーム」を開設し、通信販売主体のビジネスモデルへ転換を図った。作業服専門の「ワークユニフォーム」、事務服「オフィスユニフォーム」、医療向け「クリニックユニフォーム」など用途向けに専門サイトを開設している。最近になって作業用ヘルメットやハーネス（高所作業用安全ベルト）の販売も始めた。

消臭からウエアラブルまで

空調服では衣服内から風が吹き出るため、周囲に体臭が拡散しトラブルになることがある。そこで繊維メーカーは空調服用の消臭加工技術に力を入れている。

クラボウ（3106）は２０１９年に消臭加工技術「ストロングデオ」を開発した。ストロングデオは体臭の原因となるアンモニア、酢酸、イソ吉草酸に対して高い消臭機能を発揮する。綿織物、ポリエステル綿混織物などさまざまな生地に加工することが可能だ。クラボウによると現段階では業界トップレベルの消臭機能を有する。

また、同じく繊維メーカーの**シキボウ（3109）**は消臭加工技術「スーパーアニエール」を空調服向けに強く推している。スーパーアニエールは化学的中和反応を消臭原理とする。臭いの分子は「スーパーアニエール」の分子と結合して中和反応をおこし、無臭のものに変化する。消臭効果は半永久的で、洗濯により効果が減少することはない。もちろん、加工による生地風合いの変化もない。

クラボウは着るだけで心拍数などの生体情報を把握できるシャツを使用して、暑熱環境下の作業リスクを管理するシステム「Smartfit for work」を運営している。

多くの職場で温度による労務管理などは行われているが、暑さに強い人も弱い人もいる。体力やストレス耐性も人によってまちまちだ。そのため、一律に温度の基準値を決めても事故がなくなるわけではない。事故を予防するには、作業員各自の情報をリアルタイムで把握し続ける必要がある。

まず情報収集のために開発されたのがシャツ型衣料の「スマートフィット」。電気を通す繊維が使われている。この「スマートフィット」で集めた心拍数や体温などの情報は、胸部に取り付けられたバッジ型の通信デバイスからクラウドサーバーに送られる。ここに気象データを加えて熱中症リスクを算出、作業員本人や管理者のスマホやタブレットに通知する。

システム全体を統括するのがクラボウで、衣料の開発はクラボウと繊維学部を持つ**信州大学**が担当した。通信デバイスを開発したのは**ユニオンツール**（**6278**）。現在は胸につけるタイプに加えて、ウオッチタイプや耳に付けるタイプもあり、**富士通**（**6702**）や**セイコーインスツル**（**非上場**）、**ミズノ**（**8022**）も関与する。通信環境の構築は**KDDI**（**9433**）が、生体データの医学的分析や作業リスクの計算法構築は**大阪大学**が担当している。

「Smart for work」の使用現場からは「管理者が実際に現場にいなくても遠隔から作業員の

状態が確認できるため、熱中症対策として有効だ」（建設会社）。「遠隔地や倉庫作業など、一人で作業している作業者の熱中症リスクや体調管理を確実に実施することができる」（運輸会社）といった声が出ている。

今後はスポーツ現場や野外大規模イベントでの活用や、高齢者の日常生活での体調・安全管理にも活用することを目指している。

5 迅速施工といえばユニットハウス

環境にやさしいユニットハウス

建設現場では事務所や作業員の宿泊所として仮設ユニットハウスが設置されるが、**三協フロンティア（9639）**は仮設ユニットハウスのレンタル・販売でトップクラス。

ここで、三協フロンティアについて書く前にユニットハウスとプレハブの違いについて説明しよう。両者は似て非なるモノなのだ。プレハブとは工場で屋根や外壁などの部材を製造し、現場で組み立てる方式の建物。部材から現場で作る在来工法よりも施工日数は少なくて済む。

一方、ユニットハウスは工場でユニット（スチール製の箱形構造物）を製造し、それを現場で積み木を組み立てるように施工する。工場で各部屋を作ってしまって、現場でくっつけるイメージだ。ユニットハウスは建設工程の80～90％を工場で行うため、現場施工の時間はプレハブよりも短い。建物にもよるが、完成までの日数はプレハブの6分の1程度で済む。クレーンを使えばユニットの移動は簡単なので、工事の進捗に合わせてハウスの増設や減設が容易にできる。使用する必要がなくなれば、ユニットごと他の場所に運んで再利用できる。プレハブは解体の手間やコストがかかる。

三協フロンティアのユニットハウスは工場で作ったユニットを折りたたんで現地へ運ぶので、通常のユニットハウスよりもさらに運送が簡単だ。ユニットハウスは建設現場のほかに災害後の仮設住宅や学校の仮設校舎としても利用されている。東日本大震災や熊本地震などの被災地でも同社のユニットハウスが仮設住宅として使用されている。

同社はレンタル使用後の中古レンタルハウスの販売もしているが、これが好採算で業績への寄与が大きい。

ナガワ（9663）は三協フロンティアに次ぐ大手ユニットハウスの製造・レンタル企業。北海道で創業したことから北海道では建設機械の販売とレンタルも行っている。全国40以上の自治体と大規模災害時の協力協定を結んでおり自治体との関係が強い。豪雨や地震などの大規模災害が起きた際、自治体の要請に応じて、同社がユニットハウスや発電機器、冷暖房機器、仮設トイレなどを運び込み設置する。

海外展開にも積極的でインドネシアとタイに現地法人を置き、ユニットハウスに加えてプラント建設、内装工事なども手がける。自己資本比率は90・0％と財務体質は超優良だ。

東海リース（9761）は建設現場事務所を主な対象として仮設建物（プレハブ、ユニットハウス）のリースを行っている。リース会社ではあるが、設計から組立、解体、輸送までを自社で実施するのが特徴。さらに仮設建物内で使用するオフィス備品や家具、仮設トイレ、ガードマンボックスなどのリースも手がける。

以前は橋梁など公共工事向けが多かったが、現在は民間工事向けが約7割。建設現場以外では災害時の仮設住宅、学校、店舗、交番なども対象とし、多くの施工実績を持つ。建設需要の旺盛な中国内には福建省と河北省に合弁会社を置いている。

建設現場事務所向けの家具やＯＡ機器のレンタル最大手は**コーユーレンティア（7081）**。２０２０年２月に東証ジャスダックに上場したが、１９７０年の設立以来、50年以上もレンタル業務を行っている。事務机やＯＡ機器、照明まで２０００種類90万点以上を取りそろえているのが強みで、これらの商品を単品管理することで高稼働率を維持している。

レンタル先から戻ってきた商品は分解・洗浄・塗装などのメンテナンスを行い、新品同様にしてから再度レンタルにまわす。新品同様で提供することで他社との差別化を図る。

梅木孝治社長は「創業時から育成してきたメンテナンス人材の実力は他社を寄せつけない」。と言う。

商品によっては20年以上貸し出し、その後は中古市場で売却する。また、建物の解体やオフィス移転などで発生する備品の買い取り・第三者への寄付寄贈・リサイクル処理なども引き受けている。取引先の建設会社としては非常に頼りになる存在だ。

レンタルに加えて、工事現場事務所の設計・施工管理も請け負うことができる。

6

被災者の命を守る非常食・保存食

賞味期間2年間のパンを作る会社

被災者の食事の確保に貢献するのが**コモ（2224）**。イタリアの天然酵母パネトーネ種を活用して、保存料無添加・賞味期限35日～2年というパンを製造している。コモという社名はパネトーネ種が採取されるイタリアのコモ湖に由来する。

同社ではパネトーネ種を北イタリアから空輸し、徹底した温度管理のもとで使用する。パンを焼く機械もイタリア製であり、品質へのこだわりは強い。

販売ルートはスーパー、生協、鉄道売店などさまざまだが、賞味期限が長いことから自動販売機での販売が多いことが特徴。全売上高の約四分の一が自動販売機だ。また、コンビニのＰＢ商品の製造も請け負っている。

国内では食品ロス削減推進法が２０１９年に施行されたことで賞味期間の長いパンの需要

が拡大している。さらに今後は香港、シンガポール、ニュージーランド、オーストラリアなどで拡販を狙う。賞味期限が長いので、日本から輸出しても採算が合う。

非常食といえば乾パンだが、乾パンのトップメーカーは静岡県に本社を置く老舗菓子メーカーの**三立製菓（非上場）**だ。「源氏パイ」や「かにぱん」で知られている。

同社は金平糖メーカーとして１９２１年に創業した。１９３７年に旧陸軍からの要請で乾パン製造を開始。１９５９年から市販用を「カンパン」ブランドで発売し、１９７２年には缶入りを追加した。袋入りの賞味期限は1年、缶入りは5年であり、缶には氷砂糖も入っている。糖分補給や水がない非常時でも唾液が出て食べやすくなるように工夫されているのだ。１９８９年には防衛庁から表彰されるなど品質の高さは折り紙付きだ。

乾パンは保存食なので味は二の次と思われがちだが、ごまの香ばしい味は好評でファンが多い。また、乾パンには「固い」というイメージがあるが、原材料の見直しを繰り返して、従来よりも柔らかな歯応えにしている。シンプルな商品ではあるが、少しずつ改善を積み重ねているのがトップメーカーである所以だ。

三立製菓の売上高規模は１００～１１０億円程度で毎期安定的に利益を上げている。工場は静岡以外に兵庫と大阪にもある。営業所は北海道から九州まで8拠点。商品知名度が高いだけでなく、全国に取引基盤が構築されているため経営は安定している。

子供に優しい保存食を作る会社

ビスケット業界トップクラスの**ブルボン**（**２２０８**）も乾パンを製造しているほか、賞味期限５年の「缶入りミルクビスケット」や「缶入りミニクラッカー」を製造している。

現社長・吉田康の曾祖父である吉田吉造が１９２４年に、新潟県で菓子製造の「北日本製菓」を創業したのが同社の始まり。１９３７年から陸軍への乾パン納入を開始した。現在扱っている製品はキャンディー、チョコレート、米菓、スナック、チューインガム、飲料など多岐にわたる。２０１９年からは防災用のミネラルウォーターの販売を開始した。

そのほか乾パンではないが、似たものとして**江崎グリコ**（**２２０６**）が賞味期限５年の缶入り「ビスコ」を販売している。ビスコは１９３３年発売のロングセラー食品で、子供から老人まで幅広い層に支持されている。

非常食で甘味のあるモノは少ないのでビスコは貴重な存在だ。災害が起こった場合、物資の配給や救助活動が滞り、数日間は非常食などを食べるしかない。大人ならば対応できるが、子供は普段と異なる食物を食べられないことがある。ビスコのように普段から親しんでいる食べ物を防災用に備蓄しておくことは重要だ。

ある幼稚園では入園時に親が缶入りビスコを購入。幼稚園がそれを保管し、何事もなければ卒園式で子供達にビスコ缶を渡している。

ちなみにパッケージの後ろ側には災害伝言ダイヤルも記載されているので万が一の場合も安心だ。

「キャラメルコーン」で有名な**東ハト（非上場）**は5年間保存可能なビスケット「ハーベスト」を製造販売している。ハーベストは１９７８年に発売された薄焼きビスケットで同社の人気消品の一つ。密閉性の高い缶に「脱酸素剤」を入れることで酸化を防ぎ、風味豊かなゴマの味わいと香ばしさを保ちながら、5年間の長期保存が可能になった。

東ハトは**山崎製パン（2212）**の子会社で、キャラメルコーンやハーベストのほかに「オールレーズン」や「暴君ハバネロ」などのロングセラーを抱える。

防災・復旧で伸びる企業群

建設・土木会社

ショーボンドホールディングス	1414	道路や橋梁などインフラの補修工事に特化した企業。接着剤や注入剤、配管部品なども自社で開発
不動テトラ	1813	地盤改良トップの不動建設と、消波ブロック大手のテトラが2006年に合併して設立された
五洋建設	1893	中部国際空港、レインボーブリッジなどを施工。スエズ運河の増深拡幅工事を行った実績も
日本国土開発	1887	大規模造成工事に実績。東日本大震災の復興工事にも参加。独自の土質改良機と改良工法を有する
矢作建設工業	1870	名古屋鉄道が筆頭株主。斜面の補強に有効なパンウォール工法で数多くの施工実績がある
ライト工業	1926	トンネル防水事業で創業。ロボットを活用して斜面にモルタルを吹き付ける工法「Robo-Shot」を開発
日特建設	1929	地質調査と土木工事をセットで請け負う。黒部ダムなどダム基礎工事で実績多数。（株）麻生の孫会社

電気設備工事

関電工	1942	電気設備工事会社では国内トップ級。東京電力のグループ企業であり全売上高の4割が東電向け
北海電気工事	1832	北海道電力傘下の電気設備工事会社で売り上げの7割が同電力。洋上風力発電向けを強化中
ユアテック	1934	東北電力グループの電気設備工事会社で売り上げの4割が同電力。首都圏でも事業展開
トーエネック	1946	電気設備工事会社。中部電力の子会社で売り上げの4割が同電力。タイなど海外でも事業展開
北陸電気工事	1930	北陸電力傘下の電気設備工事会社。売り上げの4割が同電力。徐々に全国展開進める
きんでん	1944	関西電力系の電気設備工事会社。関電工と並んで国内トップ級。売り上げの2割が関電向け

中電工	1941	中国電力グループの電気設備工事会社。売り上げの3割が同電力向け。情報通信工事にも定評
四電工	1939	四国電力系の電気設備工事会社。売り上げの4割が同電力向け。メガソーラー事業も手掛ける
九電工	1959	九州電力系の電気設備工事会社だが、同電力向け売り上げ比率は2割。東南アジアでも事業展開
沖電工	非上場	沖縄電力の子会社で電気設備工事を請け負う。売り上げの8割以上が同電力向け

地質調査

応用地質	9755	地盤に強い総合コンサルタント。企業や自治体の災害対応支援、インフラの維持管理を行う

ドローン

自動制御システム研究所	6232	ドローン専業で国内唯一の上場企業。機体の開発とドローンを活用したソリューションビジネスを展開
リベラウェア	非上場	GPSやコンパスを使用できない閉鎖的な狭い空間で使用するドローンを開発・生産

水害対応

文化シヤッター	5930	浸水被害から人と建物を守るシャッターを開発・販売。シャッター業界では三和HLDに次ぐ2位
鶴見製作所	6351	水中ポンプのトップ企業で市場シェア3割。関西国際空港、東京湾横断道路などの工事で使用された

素材

萩原工業	7856	ブルーシートやコンクリート補強繊維などを製造。建設現場を覆う防災シートは軽量・高防音性を実現
前田工繊	7821	繊維メーカーから土木資材メーカーに転身。盛土補強・軟弱地盤安定材「アデム」はロングヒット製品

作業服

ワークマン	7564	作業服専門店で国内トップ。カジュアルウエア専門店「ワークマンプラス」や女性向けショップも展開
自重堂	3597	作業服の大手メーカー。扇風機が内蔵された作業服「空調服」が大ヒット。安全靴や医療服も販売
ユニフォームネクスト	3566	作業服をネット通販。作業服専門サイト「ワークユニフォーム」を展開。ヘルメットや安全ベルトの販売も

消臭加工

クラボウ	3106	消臭加工技術「ストロングデオ」を開発。体臭の原因となるアンモニア、酢酸に対する消臭機能高い
シキボウ	3109	消臭加工技術「スーパーアニエール」を開発。消臭効果は半永久的。空調服の消臭に有効

ウエアラブル

クラボウ	3106	暑熱環境下作業管理システム「SmartFit for work」の開発主体。同システム用のスマート衣料も開発
ユニオンツール	6278	クラボウが運営する暑熱環境下作業管理システム「SmartFit for work」に参画。心拍センサを開発
富士通	6702	「SmartFit for work」に参画し、ウォッチタイプの心拍センサを開発。IT サービス、サーバーで国内首位
セイコーインスツル	非上場	「SmartFit for work」に参画し、ウォッチタイプの心拍センサを開発。セイコーホールディングスの子会社
ミズノ	8022	「SmartFit for work」に参画し、耳に取付型の心拍センサを開発。スポーツ用品製造の大手
KDDI	9433	クラボウが運営する暑熱環境下作業管理システム「SmartFit for work」に参画。通信環境の構築を担当

ユニットハウス

三協フロンティア	9639	仮設ユニットハウスのレンタルと販売でトップ級。建設現場や被災地の事務所や住宅として利用される
ナガワ	9663	三協フロンティアに次ぐ仮設ユニットハウスのレンタル・販売企業。インドネシアとタイに現地法人
東海リース	9761	建設現場用の仮設建物（プレハブ、ユニットハウス）のリースを行う。建物内の備品リースも
コーユーレンティア	7081	建設現場事務所向けに備品をレンタル。事務机やOA機器、照明まで90万点以上をそろえる

非常食・保存食

コモ	2224	保存料無添加で賞味期限35日～2年の菓子パンを製造。全売上高の約25%が自動販売機から
三立製菓	非上場	「源氏パイ」などで知られる老舗菓子会社。乾パンのトップメーカー。戦前は陸軍向けに乾パン製造
ブルボン	2208	乾パンや賞味期限5年の缶入りミルクビスケットや缶入りクラッカーを製造。防災用ミネラル水も販売
江崎グリコ	2206	賞味期限5年の缶入りビスコを販売。ビスコは1933年発売のロングセラー食品
東ハト	非上場	キャラメルコーンで有名。5年間保存可能なビスケット「ハーベスト」を製造。山崎製パンの子会社
山崎製パン	2212	東ハトの親会社。パンでは国内シェア4割の最大手。コンビニエンスストアも運営している

第5章

少子高齢化・人口減少に対応する企業群

日本の人口が１億人を割る

日本の少子高齢化が止まらない。人口は２０２１年６月現在で１億２５４７万人だが、２０５３年には９９２４万人となる。なんと１億人を割ってしまうのだ。高齢化率を表す65歳以上の割合は２０２１年６月で32％だが、２０５３年には38％まで上昇する。オリンピックとは関係なく人口は減少し、高齢者の比率が拡大していくのだ。

少子高齢化が進めば様々な問題が生じるが、その問題に対応する中にビジネスチャンスがある。今章では少子高齢化に対応して伸びていく企業を紹介する。

（※数値は「人口推計・２０２１年６月報」（総務省統計局）と「日本の将来推計人口・２０１７年推計」（国立社会保障・人口問題研究所）による）

１　コンビニ向け総菜や弁当を作る企業

高齢者・単身世帯の増加でコンビニ食が人気化

高齢になると食事を作るのがしんどくなるし、火を使って調理することは危険でもある。だからといって外食だけでは費用や栄養バランス面でも問題がある。

また、人口減少とともに単身世帯が増加する。総務省が２０２１年６月に発表した「２０２０年国勢調査」の速報集計では、１世帯当たりの人数の減少が明らかだ。全国平均は５年前の国勢調査から０・11人減り２・27人。東京都は１・95人と２人割れとなっている。

単身者は仕事などで忙しく調理する時間がない。時間があったとしても１人分の料理を作るのは費用がかさむ。これからは高齢者世帯や単身者世帯が総菜や弁当を買って自宅で食べるケースが増えるだろう。弁当や総菜はいろいろな所で販売されているが、スーパーでは行くのに時間がかかる場合がある。徒歩圏内のコンビニで総菜や弁当を購入する人達が増加するに違いない。

コンビニに並ぶ総菜や弁当を製造する企業は地味ながら成長企業なのだ。

セブン-イレブンとともに成長し上場企業に

弁当・総菜業界で売上高首位は**わらべや日洋ホールディングス（２９１８）**。コンビニ最大手・**セブン-イレブン・ジャパン（非上場）**向けのおにぎりや弁当、調理パン、総菜などが売り上げの大半を占める。筆頭株主もセブン-イレブンだ。

同社は１９６６年にサラダの製造で食品製造業界に参入した。１９７８年からセブン-イレブンと取り引きを開始し、その後はセブン-イレブンの成長とともに成長してきた。セブン-イレブンの店舗増加とともに工場を増やし、今では全国にセブン-イレブン専用工場が25ある。

工場はコンビニに合わせて24時間３６５日稼働し、１日当たりの最大生産食数は６００万食、１秒当たりのおにぎり生産数は18個と膨大だ。商品開発も活発で７００アイテムの新規商品を毎年投入している。製造に加えて各店舗への配送も行う。

セブン‐イレブンの海外進出に伴って同社も米国、中国で総菜を生産しているほか、タイでは現地のセブン‐イレブンを運営しているCP ALL Public Company Limitedに対して２００６年から技術供与を継続している。

フジフーズ（非上場）は１９７４年からセブン‐イレブンへ総菜を供給している。１９７４年といえばセブン‐イレブンが日本に第1号店を出店した年だ。現在では東北から中部地方までのエリアに13工場あり、一日２００万食を生産している。１年間に開発する新規商品は５５０アイテムを超える。

同社の配送はグループ会社である**デイリートランスポート（非上場）**が担う。全国13工場で製造された商品は、エリアごとに決められた配送センターへ集められる。その後全国のセブン‐イレブンから届く発注データと照らし合わせて、各店舗へ商品を配送する仕組みとなっている。

そのほか、同社の商品の安全性に関する意識の高さは特筆するべきだろう。１９７２年に惣菜業界他社に先駆け、本社内に細菌検査研究室を設置した実績がある。

「ツナマヨおにぎり」を初めて作った企業とは

プライムデリカ（非上場）は**プリマハム（2281）**の子会社。セブン－イレブン向け惣菜製造会社として１９８６年に創業した。セブン－イレブンからの要請で設立された会社で、セブン－イレブンも約40％出資している。販売先は99％がセブン－イレブンで残りはイトーヨーカ堂だ。

ハム会社の子会社ではあるが、「和・洋・中の惣菜」「サラダ」「パスタ」「調理パン」「スイーツ（洋生菓子、和生菓子）」など製造アイテムの種類は幅広い。

関東から九州まで全国に13工場あり、１つのメニューにつき多いもので１日約６万食、全メニューでは約１３０万食もの数量を毎日製造している。

武蔵野ホールディングス（非上場）は傘下に**武蔵野**、**武蔵野フーズ**、**武蔵野ロジスティクス**などの事業子会社を持つ。**武蔵野**はセブン－イレブン向けに弁当・おにぎり・調理パン・調理麺などの製造を行う。ちなみに超ロングセラーとなった「ツナマヨおにぎり」を開発したのは武蔵野だ。また、武蔵野の子会社に広島を拠点とする**プライムデイリーフーズ（非上場）**があり、こちらもセブン－イレブン向けに弁当や総菜を供給している。２０１７年12月にはセブン－イレブンの沖縄進出に対応するため**武蔵野沖縄**を設立し、２０１９年６月に工場を完成させた。仙台から沖縄までの間に27工場あるほか、埼玉県朝霞市に研究開発センターを有する。

武蔵野フーズはパンや麺の製造を担っている。セブン－イレブン店頭で販売するＰＢの食パンを作ったり、武蔵野が製造するサンドイッチに使用したりする。一部はセブン－イレブン以外の外食チェーンなどにも卸販売している。ちなみにセブン－イレブンで販売されているヒット商品「セブンプレミアム ゴールド金の食パン」は武蔵野フーズの製造だ。北海道産生クリーム、フランス産発酵バターを使用し、独自の製法で焼き上げている。麺類は主に業務用冷凍麺（うどん、そば、ラーメン、スパゲティ）を製造して、「武蔵野」ブランドで販売するほか、顧客との共同開発品も手がけている。

武蔵野ロジスティクスはグループの物流を担う企業で、全国15カ所に配送センターを有する。武蔵野が製造した総菜をセブン－イレブンの配送拠点や店舗へ配送するのが主な業務だが、引っ越しなどセブン－イレブンとは全く関係ない業務も請け負っている。

ニッセーデリカ（非上場）はセブン－イレブンの国内初の調理麺専用工場として「ざる蕎麦」「ラーメン」「焼そば」など常時20～30種類の麺製品を製造する。神奈川、湘南、千葉、福島、名古屋の５工場で１日平均35万食、最大で１日約71万食を製造。全国のセブン－イレブン約2万１０００店のうち約６０００店に供給している。

ファミリーマートの総菜を作る企業

名古屋に本社のある**カネ美食品（2669）**の主力事業は「外販事業」と「テナント事業」の2つ。外販事業ではコンビニ向けに弁当やおにぎり、パスタなどを製造・出荷する。テナント事業ではスーパーや百貨店、駅ビル等へ出店して、すしや揚げ物、サラダなどの総菜を販売する。

１９６９年に惣菜屋として創業した同社は、スーパーマーケットへの出店を強化するため、１９７１年に「カネ美食品株式会社」を設立した。テナント事業に続く第2の事業として１９８０年にはサークルK第1号店に弁当の納品を開始。１９８３年に同社初のコンビニ向け専用工場が稼働し、コンビニ向けビジネスを本格化させた。

外販事業では大株主の**ファミリーマート（非上場）**向け出荷が多いが、駅ナカコンビニの「NewDays」へも納入している。出荷対象店舗はファミリーマートとNewDaysを合わせると９３９９店（２０２１年2月末）。工場は関東・関西に12カ所あり、24時間３６５日操業している。そのほか、生活協同組合が手がける夕食宅配向けにも弁当総菜を供給している。テナント事業ではもうひとつの大株主である**パン・パシフィック・インターナショナルホールディングス（７５３２）**のグループ会社のユニーやＵＤリテールの店舗内に出店することが多いが、資本関係のない店舗にも出店している。総菜種類によって店舗ブランドは７つあり、総店舗数は全国で２８０（２０２１年２月末）。

シノブフーズ（２９０３）は１９７１年にすし製造業として創業。おにぎり、弁当、すしなど米飯加工品の製造が多いが、調理パンや総菜も手掛ける。販売はファミリーマートなどコンビニ向けが５割超で、次にスーパー向けが多い。全国に８工場あり、シノブフーズ全体で１日平均１００万食以上の商品を生産している。

今でこそ、コンビニのおにぎりの海苔はパリパリしているのが常識だが、パリパリ海苔のシステムを構築したのがシノブフーズだ。１９７９年に発売された同社の「おにぎりＱ」は海苔がパリっとしたおにぎりを簡単に食べられるとして人気を集め、いまだに販売されているロングセラー商品。

「おにぎりＱ」が開発される前は、ご飯にフィルム入りの海苔を巻いていたが、フィルムを外す手順が複雑だった。そこで、２重袋に入ったおにぎりの内袋を引っ張り出して海苔を巻く「パラシュート式」と呼ばれる包装形態を開発。１９９８年からは現在のセンターカットタイプに変更した。

おにぎりＱの発売から６年後の１９８５年９月には、手巻き寿司「マッキーバー」の販売を開始した。

トオカツフーズ（非上場）の主要事業はコンビニ向けの弁当・おにぎり・サンドイッチ・麺類などを製造する「フレッシュ惣菜事業」と、冷凍弁当や冷凍惣菜などを製造する「冷凍惣菜事業」の２つ。

フレッシュ惣菜事業が同社の売上高の９割を占め、主要な販売先はファミリーマートだ。

２０１９年７月に製粉業界１位の**日清製粉グループ本社（２００２）**の完全子会社となった。

ローソンの親会社・三菱商事がテコ入れ

グルメデリカ（非上場）は１９９０年にキューピーの１００％子会社として設立され、**ローソン（２６５１）**へおにぎりや総菜を供給してきた。２０１８年にはローソンの親会社・**三菱商事（８０５８）**がグルメデリカを買収した。食材の調達から総菜の製造、物流、店頭販売まで全工程にかかわってローソンの競争力を高めるのが目的だ。所沢の本社工場をはじめ全国5工場からローソンに弁当や総菜を供給している。

ローソンは1店舗当たりの1日平均売上高は48・6万円で、首位のセブン-イレブン（63・8万円）よりも大幅に少ない（2022年2月期第1四半期決算）。三菱商事は弁当・総菜の強化で差を縮めたいとしており、グルメデリカに対する期待は大きい。

1980年に**山崎製パン**（**2212**）は100％出資で**サンデリカ**（**非上場**）を設立し、中食部門に本格参入した。調理パン、米飯類、総菜、麺類など幅広く生産している。特に調理パンには、山崎製パンが調理パン専用に開発した食パンやロールパンを使用している。

2012年に麺類の総合メーカーである大徳食品を子会社化したことで、うどん・そば・中華・パスタなど麺類すべての提供が可能となった。同社の販売先は量の多い順に**ローソン**、**デイリーヤマザキ**、**ミニストップ**となっている。

弁当・総菜容器のトップ企業とは

コンビニの弁当・総菜では中身だけでなく容器の品質も重要だ。これらの容器の製造・販売最大手が**エフピコ（7947）**で国内シェアは3割。

1万アイテム以上の食品トレーや容器をそろえているが、その商品力を象徴するのがマルチFP容器だ。この容器はマイナス40℃からプラス110℃までの温度に耐えられ、油や酸にも強い。以前は電子レンジで加熱したときに容器が変形することがあったが、この容器にはその心配がない。しかも断熱性に優れているので加熱後に熱くて容器を持てないということもないし、保温効果もある。コンビニ店内で温めた後に温かいまま持ち帰ることが可能だ。

例えば、天ぷらそばを電子レンジ（500W）で6分加熱すると、家庭用食器では表面温度が82℃になるが、マルチFP容器では53℃にとどまる。家庭用食器では鍋つかみやフキン、鍋敷きが必要だ。しかし、マルチFP容器は素手でレンジから取り出し、直に食卓に置いて食べることができる。

そして同社が現在力を入れているのが、マルチFP容器に生肉や生魚を入れ、電子レンジだけで調理することを可能にした「生から惣菜」シリーズだ。食品・総菜メーカーやスーパーと共同でメニュー開発も行っている。

高級食品スーパー・成城石井の総菜コーナーにはさまざまな種類の総菜が並ぶ。電子レンジで温めるだけでおいしい料理が食べられるため人気があるが、よく見ると「豚しゃぶ」や「豚ばらモヤシ炒め」「牛すき焼」の容器の中に入っているのは生肉と野菜だ。成城石井では

「生から惣菜」シリーズを販売している。

スーパーの総菜はすでに調理済みであり、それを温めて食べるというのが常識だった。しかし、「生から総菜」では生の食材をプラスチック容器ごと電子レンジで煮込んで調理する。マルチFPが耐熱性に優れているので、温めるだけでなく、煮込むところまでできるのだ。調理済み総菜を再加熱するよりも生から加熱したほうがおいしいのは言うまでもない。同社の佐藤守正社長は「調理済みの総菜を温めて食べる時代ではない」と語る。

高齢化や1人暮らし世帯の増加に伴い、「生から惣菜」の需要拡大が見込まれる。今のところ、スーパーでの販売が多いが、コンビニでも本格的に採用されれば、さらなる販売増につながる。

生から惣菜の製造業者のメリットとして、商品を作りだめできることが挙げられる。特に野菜は天候によって価格が乱高下するが、安いときに仕入れて商品にして冷蔵しておけばコスト削減になる。

エフピコの強みは自社で物流を運営していること。プラスチック容器は嵩張るために物流費負担が重い。プラスチック容器の単価は低いので、物流をコントロールしなければ利益を稼げない。同社は全国に配送センターを10カ所設置し、自社で物流を制御することでコストを抑えることに成功している。

配送ルート選定や配送状況をＩＴで管理し、最も短い移動距離を計算したり計画的な配車を行ったりしている。また、物流網を活用して使用済みのＰＥＴボトルやトレーを回収し、容器の原料として再利用している。

フードデリバリー専用容器を製造

業界第2位の**中央化学**（**7895**）は１９５７年にプラスチック製ジュース瓶の製造で創業。２０１１年に創業家の賛同のもと三菱商事の子会社となった。弁当や丼料理、寿司向けなどあらゆるタイプの容器を開発・製造している。

エフピコとの違いは海外展開に熱心なことだ。１９８３年に台湾へ生産設備を輸出、１９８５年には三菱商事と合弁でカルフォルニア州に現地法人を設立した。その後はインディアナ州やデラウェア州などにも展開したが２００９年に米国から撤退。

現在は中国展開を強化している。２００４年に日系のプラスチック食品容器メーカーとして初めて中国に進出し、現在は上海の現地法人が5製造拠点と1販売拠点を統括している。中国ではフードデリバリーが増加しているが、デリバリースタッフが配達途中に容器を開けてつまみ食いをする不正が増えている。そこで、不正開封を防ぐ機能を有する容器を開発した。これは配達途中の異物混入防止にも役立つ。

中国のフードデリバリーはバイクによる配達が主流で、荷台に容器を多段積みすることが多い。そこでバイクで配達するときに荷崩れしにくい構造の容器も開発した。

積水化学グループの**積水化成品工業**（**４２２８**）も食品容器を幅広く製造している。発泡ポリスチレンシートでできた弁当・総菜容器は軽量性と防水性に優れている。また、同社のセルペット食品容器はマイナス20℃から２２０℃まで耐えられるので、料理の冷凍輸送にも、オーブンなどによる高温調理にも対応可能だ。容器の外側に熱が伝わりにくく、加熱直後でも素手で触ることができる。しかも加熱調理後に食品が冷めにくいので、温かい食事を長時間が楽しめるというメリットがある。

カラシには抗菌効果があることが知られているが、同社は西洋カラシの成分をとりこんだ「ワサパワー」シートを開発し販売している。容器内の食材にシートを乗せておくだけで食材全体に抗菌効果が行き渡る。東大医学部の試験では病原性大腸菌「Ｏ１５７」の増殖を抑制する効果があることが確認されているし、日本食品分析センターの試験ではサルモネラ菌・腸炎ビブリオ・黄色ブドウ球菌・ナグビブリオ・大腸菌に対する抗菌効果が確認されている。

中堅化学メーカーの**ＪＳＰ**（**７９４２**）は、ポリスチレン樹脂に発泡剤を混ぜ加熱押出成形することで「発泡ポリスチレンシート」を製造している。軽量性、断熱性、耐衝撃性に優れることから食品トレーや弁当容器はもちろん、カップラーメンの容器にも使用されている。同社は発泡樹脂の大手メーカーで、自動車のバンパーやシートの芯材、建築用断熱材も製造している。

シーピー化成（非上場）は１９６３年に岡山で創業し、全国６工場でプラスチック製食品容器を約８０００種類生産している。

同社の注目製品は、ふたがカチッと音を立ててはまり容器と一体化する「強嵌合《きょうかんごう》シリーズ」だ。蓋がはずれにくく、テープ止めが不要なので弁当業者は盛り付け時間を大幅に短縮できる。

また、片手でワンプッシュで開封できる「楽ポンシリーズ」もある。２本の指でつまむだけで開けることができるので、老人や体の不自由な人にとっても簡単だ。

今後、首都圏で販売を強化するため、群馬県に物流センターを新設する。既に敷地は取得済みで、２０２１年９月の操業開始を目指している。これが完成すると物流センターが北海道から九州まで合計７カ所となる。

2 生産年齢人口の減少に対応する企業

機械化と外国人労働者の採用しかない

生産年齢人口とは15歳以上65歳未満の人口のこと。国内で労働に従事できる年齢の人間はがどの程度いるのかを表す。

戦後、日本の生産年齢人口は増加を続け、１９９５年にピークの８７１６万人に到達したが、それ以降は減少を続け、２０２０年には７４４９万人となっている。国立社会保障・人口問題研究所の調査によると日本の生産年齢人口は、２０２９年に初めて７０００万人を割って６９５１万人、２０４０年に５９７８万人、２０５６年に４９８４万人となる見込みだ（出生中位・死亡中位推計）。

また、日本の総人口に占める生産年齢人口の割合は、１９９０年代半ばには約70％だったが、２０２０年には59・３％まで低下した。

　コロナ禍の影響で採用停止や人員リストラを行う企業があるが、その一方で人員不足に悩む企業は少なくない。人材サービス会社パーソルの調査によれば２０２０年8月を底に転職求人数は増加傾向にある。ワクチン普及で経済が回復すれば、人員削減をした企業も人員採用を開始しなければならず、求人数はさらに増加するだろう。

　働き手不足は深刻であり、このままでは将来的に日本経済が立ち行かなくなる可能性もある。生産年齢人口の減少に対応するには機械化と外国人労働者の採用しかない。ここからは機械化と外国人採用に関連した企業を取り上げる。

人手不足を解消する「マテハン」とは

　マテハンとは「マテリアルハンドリング」の略語で、直訳すれば「モノを扱う（動かす）」ということ。「工場や倉庫内で原材料や製品などを移動・仕分け・保管する機械と技術」を意味する。

　例えば、自動車生産ラインには溶接・塗装・組立などさまざまな工程があり、ベルトコンベヤーでつながっている。ベルトコンベヤーによる流れ作業で使用される機械やシステムがマテハンだ。

そのほか、コンビニエンスストアの各店舗に商品を供給する物流センターでは、自動倉庫に保管している商品をピッキングシステムで効率的に集め、高速自動仕分け装置で店舗別に仕分けして各店舗に運ぶ。こうしたピッキング装置や仕分け装置、そしてそれらを操作する技術・ソフトウェアがマテハンだ。人手不足の時代にはなくてはならないものといえる。

ダイフク（6383）は世界トップクラスのマテハン企業。世界中の工場や物流センターはもちろん、半導体向けクリーンルームや空港でマテハンビジネスを展開している。

同社は1937年に製鉄用の鍛圧機械の製造で創業。翌年に日本通運からクレーンを受注したのをきっかけに荷役運搬機械の製造を開始した。1950年代後半にはトヨタの工場向けにベルトコンベヤーシステムを開発・納入し、マテハンビジネスに参入。1966年には松下電器（現・パナソニック）に日本初の無人倉庫システムを納入した。

1977年には同社として初めてのハンガーレールシステムをレナウンの商品センターに納入した。ハンガーレールシステムとは商品をハンガーにつるし、そのまま搬送、仕分け、保管、店頭陳列するシステムのこと。全長2200メートルで、当時のアパレル業界では最大級の物流システムだった。

１９９３年には世界で初めてワイヤレスのモノレール搬送システム「ラムランＨＩＤ」を開発、トヨタグループの関東自動車工業（現・トヨタ自動車東日本）に納入した。摩耗による粉塵などが発生しないこのシステムは、後に半導体向けクリーンルーム内の搬送にも使用されることになった。

２０１８年にはファーストリテイリングと包括的提携を結び、物流倉庫の自動化を推進している。

ダイフクは空港の手荷物搬送システムも手がける。手荷物を運搬するベルトコンベヤーや、Ｘ線と爆発物検査機器を組み合わせた危険物検知システムは米国内で数多くの導入実績がある。さらに世界最速・時速36キロメートルで手荷物を搬送するバゲージトレイシステムを持ち、大規模ハブ空港向けに提供している。

最近は墓地不足のため墓に遺骨を納めるのではなく、都市部の納骨堂に納めるケースが増えている。納骨堂とは遺骨を収蔵する屋内型の墓所施設で、ロッカー式、仏壇式、自動搬送式など形態は様々だ。ダイフクは１９９６年に立体式自動倉庫の技術を活用した国内初の自動搬送式納骨堂を販売し、これまで30カ所以上に納入した実績がある。同社の「安全に運ぶ、正確に保管する」マテハン技術が自動搬送式納骨堂に活かされているのだ。

エンジンチェーンからマテハンへ

椿本チエイン（6371）はチェーン、自動車部品、マテハンを手がける機械メーカー。1917年に椿本説三氏が自転車チェーン製造会社として創業し、現在では産業用スチールチェーンや自動車用エンジンチェーンで世界トップクラス。チェーンから派生したマテハン事業は全売上高の約4分の1を占める。

さまざまな業界の工場や物流センターにマテハンを供給しているが、自動車工場の塗装ライン（国内シェア35％）、新聞印刷工場のロール紙管理システム（国内シェア70％）を得意とする。

2020年4月1日から現行の60歳定年を延長して「65歳定年制」を導入した。60歳定年制を導入したのは1946年とかなり早く、シニア活用に積極的な企業として知られる。

西部電機（6144）は福岡県古賀市に本社を置く機械メーカーで、売り上げの約半分がマテハン向けだ。立体自動倉庫、物品を仕分けするピッキングシステムなどを製造するほか、産業ロボットを活用した製造システムの構築を手がけている。国内シェアは立体自動倉庫が20％、ピッキングシステムも20％。

また、工場内や物流センターの在庫管理と搬送設備制御を行うコンピュータシステムも提供している。

産業ロボット業界で世界トップクラスの安川電機とは戦前から関係が深く、現在は安川電機が筆頭株主になっている。古賀市には空調設備メーカーで西部技研という企業があるが、こちらとの資本関係はない。

トーヨーカネツ（6369）の主力事業は原油・ＬＮＧ貯蔵タンクの建設とマテハンの２つ。マテハンでは卸・小売業や食品など幅広い業種を顧客としているが、中でも得意としているのは空港の手荷物搬送システムの構築だ。空港手荷物搬送では国内シェアが８割を超える。また、海外では１９８１年にマニラ新国際空港（フィリピン）とチャンギ新国際空港（シンガポール）に納入して以来、実績を積み上げている。

垂直搬送機のトップメーカー

石川県金沢市に本社を置く**ホクショー（非上場）**は物流施設や工場で使用される垂直搬送機器や仕分けシステム、コンベア、ＡＧＶ（無人搬送車）の開発と製造を手がけている。同社は１９５２年に農機具や機械工具を販売する商社として創業、１９５５年に農家の倉庫で米俵を運ぶ「ポータブル・スラットコンベヤ」を開発し、メーカーとしての歩みをスタートした。以来、マテハン機器の製造販売・メンテナンスを手がける会社として発展してきた。現在では北陸を代表する有力企業のひとつだ。

エレベーターのように上下を往復しながらモノを運ぶ垂直搬送機は同社の主力製品で市場シェアは40％を超える。物流で重要なのは限られたスペースの中でいかに速く正確にモノを移動・搬送できるかということだ。高層化が進む工場や物流センターにおいて、同社の垂直搬送機は上下階を結ぶ搬送システムとして高く評価されている。

ＡＧＶとは「Automatic Guided Vehicle」略称で、「自動的に誘導される車両」という意味になる。一般的には保管用のラックやパレットを載せて自動走行する「無人搬送車」を指す。同社が２０２０年２月に発表したＡＧＶの走行速度は時速４・３キロメートルで最大搬送重量は５００キログラム。複数のＡＧＶと同社の機器を組み合わせた物流システムを構築・販売するほか、ＡＧＶ単体の販売も手がけている。

村田機械（非上場）は京都を本社とするマテハンメーカー。１９３５年に繊維機械メーカーとして設立され、現在は自動倉庫、仕分けシステム、半導体工場向け搬送システムなどを開発・製造している。

２０１４年にフィンランドのマテハンメーカーであるシムコープの全発行株式を取得した。シムコープはタイヤ工場内の保管・搬送システムに強く、約40カ国でタイヤメーカー向けに納入実績がある大手企業だ。

村田機械は医薬や化学向けのマテハンでは実績があるが、タイヤメーカー向けが少ないのが課題だった。２０１４年以降はタイヤの保管や取り出しに役立つ村田機械の自動倉庫とシムコープのタイヤ搬送システムをセットにして販売を伸ばしている。

半導体工場での搬送システムの技術も優れていて、半導体世界トップのインテルから優れたサプライヤーに与えられる「プリファード・クオリティー・サプライヤー（ＰＱＳ）賞」を２０２０年に受賞した。

ダイフクと同様に自動倉庫の技術を応用して自動搬送式納骨堂も手がけている（村田機械での名称は「納骨参拝システム」）。

同じ京都を本拠地とする企業として電子部品大手の村田製作所があるが、村田機械との資本関係はない。

巻き上げ機（ホイスト）のトップメーカー

工場や倉庫内のマテハン業務ではモノを「つり上げ・運び・固定する」作業が基本となる。モノを持ち上げる時に使用する巻き上げ機（ホイスト）の国内トップメーカーが**キトー**（**6409**）だ。同社では巻き上げ機を移動させるためのクレーンも製造する。

巻き上げ機は航空機を製造する工場でジェットエンジンを移動する時にも、わずかなほこりも許されないクリーンルームで液晶パネル移動する時にも使用される。そのほか工場ではないが、ホテル厨房内で２００リットルのスープ用大型鍋の運搬や水族館でのイルカの運搬などにも使用される。巻き上げ機はあらゆる場所で使用されているのだ。

同社は１９３２年、東京で鬼頭製作所として創業した。現在は山梨県に製造部門、東京都内に営業部門と管理部門がある。国内シェアは60％と業界トップ。全世界では第3位だ。

象印チェンブロック（**非上場**）は、大阪府に本社を置く機械メーカーで１９３６年から巻き上げ機を製造している。国土交通省や防衛省といった官公庁や電力、建設、造船、食品メーカーなど、あらゆる現場で重いモノを、つり上げ、運び、固定してきた。

マキタ（**6586**）は電動工具の国内トップメーカーだが、巻き上げ機も製造している。中国、イギリス、ドイツ、ブラジル、ルーマニア、タイなどに生産拠点がありグループ生産の80％超が海外。そして海外売上高比率も80％超というグローバル企業だ。

ベンチャー企業が無人フォークリフトを製造

ZMP（非上場）は２００１年に人間共生型ロボットを開発する目的で設立されたベンチャー企業だ。２００４年に二足歩行ロボットの商品化に成功したが、今では車輪で移動する作業支援ロボットの開発を推進している。

２０１６年には台車型物流ロボット「CarriRo」（キャリロ）を開発した。キャリロは床面に貼られたランドマークを読み取ることで自動走行し荷物を搬送する。国内１５０社以上の物流現場への納入実績がある。

その後２０１９年には無人型フォークリフト「CarriRo Fork」（キャリロフォーク）を製品化した。キャリロフォークはレーザーセンサーを使用して、倉庫内に設置した反射ポールを識別しながら自動走行する。通路に誘導用の磁気テープを埋め込む必要はないのでセッティングが簡単だし費用も少なくてすむ。しかも、５・６メートルの高さまでモノを持ち上げる能力がある。

安全性も確保されていて、設定範囲内に人やモノがあると自動的にストップし、人やモノがなくなれば再稼働する仕組みになっている。

また、キャリロフォークとキャリロを連携させることで物流の効率化が進む。例えば、倉庫内での荷物移動をキャリロフォークが行い、その荷物をキャリロに積み込めば次の工程まで無人で搬送が可能になる。

同社は自動車の自動運転に関する技術開発を行っているほか、ソニーと合弁でドローン関連事業も進めている。

フォークリフト業界で世界トップは**豊田自動織機**（**6201**）で世界シェアは2割。トヨタグループの本家（トヨタ自動車は同社の自動車部が戦前に独立）であり、トヨタ自動車の大株主だ。無人のフォークリフトを開発・製造しているほか、顧客の工場や物流センター内のマテハンシステム全般を請け負うことも行っている。

フォークリフト業界で国内第2位は**三菱ロジスネクスト**（**7105**）。２０１７年10月に現在の社名となったが、その源流は日本輸送機、三菱重工のフォークリフト事業部門、日立建機グループのＴＣＭ、日産フォークリフトの4社。無人フォークリフトはもちろん、ＡＧＶ（無人搬送車）や自動倉庫も手がける総合物流機器メーカーだ。

ロジザード（４３９１）は倉庫・店舗・オムニチャネルの在庫管理システムをクラウドで提供している。２００１年の創業でアパレルや化粧品向け在庫管理を得意とする。倉庫在庫管理システムの「ロジザードＺＥＲＯ」は国内外の１２００を超える物流現場で稼働中だ。ロジザードＺＥＲＯは英語・中国語・タイ語・ベトナム語に対応しており、中国や東南アジアの日系企業で多くの導入実績がある。

　海外展開する日本のメーカーは、生産現場においては先進的な生産管理システムを導入していても、部品・製品在庫の管理では現地並みの遅れたシステムを採用していることが多い。ロジザードは日本と同レベルの在庫管理システムを海外でも提供している。

　店舗在庫管理システムの「ロジザードＺＥＲＯ－ＳＴＯＲＥ」は複数店舗の売上げと在庫数を一元管理するだけでなく、商品が店頭にあるのか、バックヤードにあるのか、さらにバックヤードのどの棚に置いてあるのかまで管理できる。クラウドサービスのため、店舗の売上報告を待たずに、リアルタイムで在庫・売上状況の確認が可能だ。「ロジザードＺＥＲＯ」と「ロジザードＺＥＲＯ－ＳＴＯＲＥ」を連携させれば倉庫から店舗までの在庫を一括管理できるし、さらにソフトバンクの「クラウドＰＯＳ」をつなぐこともできる。クラウドＰＯＳはｉｐａｄを活用したシンプルで持ち運びが簡単な構造となっている。３つのサービスを連結することで在庫管理の精度がより一層高まる。

オムニチャネルの在庫管理システム「ロジザードOCC」ではさまざまな販売ルートを一元管理するだけでなく、どこの在庫をどの顧客へ供給すべきかなどを指示する機能も有する。

そのほか、同社では出荷や在庫管理の作業時に使用するハンディターミナルやバーコード関連機器のレンタル・販売も手がけている。

外国人採用に貢献する企業

２０１９年４月、改正出入国管理法が施行され、外国人が日本に在留するための資格「特定技能」が新設された。その目的は人材不足の業界において外国人労働者を増やすことだ。

この資格は「特定技能１号」と「特定技能２号」に分かれ、特定技能１号では家族帯同は許されないが５年間滞在することができる。「特定技能２号」は資格更新を繰り返せば永住も可能だし家族帯同もできる。１号でも２号でも日本国内で転職することが可能だ。

特定技能を取得するには特定技能評価試験と日本語評価試験に合格しなければならないが、それほど高いレベルではない。今後、特定技能資格で日本で働くことを希望する外国人労働者が増加するだろう。コロナ禍で世界の人々の動きが止まってしまったが、これから再び活発化する。外国人労働者の採用、教育、生活支援などに関連した企業には大きなビジネスチャンスがある。

パソナグループ（２１６８）は２０１９年４月の改正出入国管理法の施行に合わせて「外国籍人材定着支援サービス」の提供を開始した。同サービスでは受け入れに伴う在留資格の取得手続きや来日後の生活支援、外国籍人材の育成プログラム作成、悩みを相談できる多言語対応の相談窓口などをワンストップで提供している。外国人労働者を雇いたい企業の状況に合わせてサービスをカスタマイズすることも可能だ。

パソナはこれまで外国人の国内就職のためにさまざまな努力をしている。例えば、外国人留学生や外国人転職希望者向けの合同企業説明会「ＪＯＢ博」を毎年10回程度、主要都市で開催している。

さらに、２０２０年４月からは外国籍人材採用のための「新卒（第二新卒含む）紹介予定派遣」業務を開始した。紹介予定派遣とは、派遣期間（最長６カ月）終了後、本人と派遣先企業双方の合意のもとに正社員となる働き方のこと。

日本企業の外国人採用意欲は高く、求人サイトや広告、イベント出展などを通じて採用活動を行っている。しかし、いざ採用となると「現場が求める日本語のレベルに達しているのか」「日本の組織に馴染めないのではないか」との不安から二の足を踏むケースが少なくない。

そこで、パソナでは派遣期間内に日本語能力や組織への適応度合いを確認し、双方合意のうえ、直接雇用に切り替えられる紹介予定派遣サービスを開始した。最長6カ月間の「お試し期間」を経てからの正社員採用なので、外国人にとっても納得したうえでの就職ということになる。

このサービスでは、まずパソナが人材を選抜し、派遣前に無料で日本語研修やビジネスマナー研修を実施する。派遣期間終了後に採用が決まれば、入社のためのビザの取得や賃貸住宅探しのサポートなどもパソナが請け負う。外国人採用・研修のノウハウのない日本企業にとって頼りになるサービスだ。

国家戦略特区内で外国人派遣事業を展開

パーソルホールディングス（2181）は外国人採用に特化したサービスを提供する子会社**パーソルグローバルワークフォース**を2019年10月に設立した。企業の即戦力として活躍できるミドル層の外国人（一定のスキル・語学力をもつ「特定技能」ビザで就業するレベルの人材）を対象に、現地での募集から研修、日本での就業、定着支援、帰国後のサポートまでを一気通貫で行う。

サービスの流れは以下の通りだ。まずはパーソルの海外拠点や現地のパートナー企業が日本で活躍が期待できる人材を募集する。その後、現地に設置した同社の訓練学校で日本語教育と特定技能ビザを取得するためのプログラムを実施する。

ビザ取得後は日本国内での就職を支援する。パーソルグループのノウハウと日本国内のネットワークを活かし、外国人材と日本企業のマッチングを行うのだ。

外国人材だけでなく、人材を採用する企業へのサポートもする。外国人材の受け入れに伴うさまざまな手続きの支援に加えて、外国人材が定着するためのコンサルティングも手がける。

特定技能のビザが満期となっても、外国人へのサポートは終わらない。帰国後に日本で得た職務経験や語学力を活かした職業に就けるようにサポートを継続するのだ。

すでにフィリピンにパーソルグローバルワークフォースの子会社**パーソルグローバルワークフォースフィリピン**を設立。トレーニングセンターではフィリピン人が6カ月間の泊まり込み学習プランに取り組んでいる。

外国人の採用に当たっては国内外のさまざまな業者が関係するため、業者間の連絡が徹底せずさまざまなトラブルが起きることがある。また、問題のある業者が紛れ込んでしまうこともある。しかし、パーソルのサービスではパーソルの管理下ですべてのサービスが一気通貫で提供されるので、連絡はスムーズに行われるし、問題業者が介在する余地がない。

アルプス技研（４６４１）は同社が正規雇用した技術者をメーカーの設計、開発部門に派遣する技術者派遣業を営む。大半の技術者は自動車、半導体、電機関連企業に派遣される。大口取引先は三菱電機、キオクシア、キヤノンといった大手有力メーカーだ。日本人だけでなく、外国人技術者の派遣も行っている。

政府は２０１８年3月、国家戦略特区に指定されている新潟市、京都府、愛知県で派遣形式による外国人の就農を認めた。同社は同年4月、農業分野や介護分野へ外国人労働者を派遣する子会社**アグリ&ケア（非上場）**を設立。まず、愛知県の「農業支援外国人受入事業」において受入企業認定を取得し、10月からベトナム人の農家への派遣を開始した。

同社の方式では同社が外国人労働者を正規雇用する。そして同社が農家や介護施設と請負契約を結ぶが、現場においては農家や介護施設が外国人労働者を直接指揮命令する。

現場に配属する前に同社がビジネスマナーや実技研修を行う。現場に派遣した後は定期的な訪問だけでなく、生活面をサポートしたり、進路相談に乗ったりもする。

この方式では農家や介護施設自身が社会保険料や採用コストを負担する必要がないし、労務管理や採用活動に時間を割かれることもなく、本業に専念できるメリットがある。

学習塾が日本語学校も運営

外国人が日本で働くためには日本語を習得しなければならないので、これから日本語教育市場の拡大が予想される。特定技能1号ビザを取得するには日本語能力試験Ｎ４に合格しなければならないので、外国人労働者にとって日本語習得は死活問題だ。

日本語能力試験の難易度は難しい順にＮ１～Ｎ５の５段階になっており、Ｎ４は「基本的な日本語を理解することができる」というレベル。人材業界では「Ｎ４程度の資格では仕事にならない」との指摘もある。外国人労働者がスムーズに仕事をするには、来日後も日本語を学習し、Ｎ３以上の能力を身につける必要がある。

日本語学校はたくさんあるが、上場している学習塾が運営している日本語学校は母体の経営が安定していることから成長が期待できる。

市進ホールディングス（**４６４５**）は東京・赤坂で日本語学校を開校している。運営しているのは子会社の**江戸カルチャーセンター**（**非上場**）。江戸カルチャーセンターは１９８４年から日本語学校を運営し、70か国以上の国から外国人を受け入れ、１万人を超える卒業生を輩出してきた。

同センターには「進学」・「一般」・「プライベート」などのコースがある。

進学コースは日本の学校への進学を目指す外国人を対象とした最長2年の日本語コース。日本語能力試験の対策だけでなく、入試のための対策クラスも設置していて、数学や物理、化学、生物、総合科目なども学ぶことができる。

進路指導においては、進学先の情報を提供するだけでなく面接指導も行っている。また、大学院志望の人には志望する大学院の教授あてのメールや小論文・研究計画書の書き方、志望理由書の書き方などを指導する。

外国人にとって受験手続きは煩雑なので、進学希望先の資料請求の仕方から必要書類の記入方法、提出方法までをサポートしている。

一般コースは日本での進学は目指さないが、日本語能力を身につけて、日本国内や母国で就職を目指す人向けの長期コース。「特定技能」資格取得のアドバイスも行っている。一般コースには1～3カ月の短期間のものもあり、学校や会社の長期休暇を利用して勉強することができる。すでに在留資格を持っている外国人が日本語をブラッシュアップするのに適したコースだ。

プライベートコースでは個人の能力やニーズに合わせてさまざまなレッスンが用意されている。日本語能力試験対策はもちろん、日本の政治経済、金融といった特定分野の日本語を集中的に学ぶレッスンもある。そのほか、来日間もない外国人向けには買い物をしたり、交通機関を利用したりするときの日本語を教えている。

市進ホールディングスは千葉県を中心に首都圏で小中学生向けの集団指導塾「市進学院」や高校生向け予備校「市進予備校」などを経営する教育事業グループ。筆頭株主は学習参考書や学習塾を展開する**学研ホールディングス**（9470）で、第2位株主は学習塾「ｅｎａ」を運営する**学究社**（9769）。

全国10か所で日本語学校を展開

京都・滋賀が地盤の学習塾・**京進**（4735）は子会社の**京進ランゲージアカデミー**が全国10か所で日本語学校を展開している。

京進ランゲージアカデミーのコースは大学院進学・大学進学・美術・就職など進路によって細かく分かれている。大学院進学コースでは、大学院進学に必要な日本語、英語の授業を行うだけではない。生徒の希望に合った大学院探しから、研究室の選び方、教授への連絡の取り方、研究計画書の作成や面接などを指導する。研究計画書は大学院受験の生命線なので、作成指導はとても重要だ。

大学進学コースでは留学試験（EJU）、日本語能力試験（JLPT）の対策をしっかり行うことはもちろん、大学受験に必要な基礎科目（総合科目、数学、理科）の対策授業も行っている。

美術コースは美術・芸術系の大学へ進学を希望する学生のためのクラス。通常の日本語の授業に加えて、美術系大学・大学院で要求されるデッサン・色彩構成・平面構成など美術の基礎を学ぶ授業もある。同社によれば「日本の美術系大学で要求される美的感覚を養うこともできる」。

就職コースでは日本国内で就職できるように日本語能力試験（JLPT）対策をするだけでなく、同社が留学生向けの会社説明会を主催している。

通常のコースに加えて企業や団体が受け入れる技能実習生の日本語講習を請け負うこともある。来日した実習生を空港まで迎えに行き、技能実習がスタートする前に1カ月間の合宿形式で日本語や生活マナーを教える。

先述の江戸カルチャーセンターも京進ランゲージアカデミーも単なる日本語学校ではなく、受験指導、就職支援、生活マナーの伝授まで幅広く留学生をサポートしているのが特徴だ。

外国人用の社宅管理にビジネスチャンス

外国人労働者の増加に伴って社宅や寮のニーズが高まることは言うまでもないが、企業にとって社宅や寮の管理・運営は大きな負担だ。そこで、注目されるのが社宅管理代行事業を手掛ける企業だ。

社宅管理代行事業のトップ企業は**サンネクスタグループ（8945）**。旧社名は日本社宅サービスだが、20年7月に持ち株会に移行すると同時に社名を変更した。

自社で社宅を保有して社員に提供している企業も多いが、社宅の維持・管理は容易なことではない。そこで、同社は社宅建物の維持・リニューアル計画の策定、社宅規則の作成、管理業務などを請け負っている。

また、顧客企業が社宅用物件を探す場合はサポートするし、物件オーナーとの賃貸借契約の代行、入居中のトラブル対応、退去時費用の精査までを行う。

そのほか、入社や転勤には必ず引っ越しが伴うが、同社では引っ越し代行業務も手掛けている。特定の運送会社と提携するのではなく、入札によって委託引越会社を選定しコスト削減を図っている。

リログループ（8876）も借り上げ社宅の管理代行サービスを行っている。同社が物件オーナーから物件を借り上げ、社宅を必要としている顧客企業に転貸する。顧客企業は物件オーナーと直接交渉したり、契約を結んだりする必要がない。更新や解約手続きは同社が代行するし、事故があった場合も同社が対応する。管理人を派遣するオプションもある。

物件オーナーが心配するのは家賃の滞納と物件の破損トラブルだが、家賃の徴収や退去時の原状回復に関してリログループが担当してくれるので安心して貸すことができる。

また、同社は大学の留学生寮の運営支援を行っている。同社が物件オーナーから物件を借り上げ、大学に転貸し、大学が留学生に部屋を貸し出すのだ。

昨今、外国人留学生が増加しているが、言葉や習慣の違いにより留学生が自分で住居を見つけるのは難しい。仮に優良な物件を見つけたとしても保証人がいないために契約できないことが多い。また、大学がオーナーから直接借りた物件を留学生寮にすることもあるが、物件オーナーとの交渉は非常に煩雑だ。

物件オーナーは留学生の近隣住民とのトラブルや物件の扱い方が不安なので、簡単には大学と契約を結ばず、いろいろな条件を大学へ提示する。

留学生の住宅問題を解決するため、リログループでは同社の企業向け社宅管理代行サービスをベースに、留学生専用の住居支援サービスを開発したのだ。

大学と物件オーナーは直に交渉・契約しなくて済むし、留学生は保証人を確保する必要がない。同社は大学に代って留学生に対して入居前のオリエンテーションも行う。

3 地味だが急成長のコインランドリー

遠隔操作で全国展開するコインランドリー

日本の人口変動を把握するための人口動態調査には、出生数や死亡数に加えて婚姻件数も記載されている。婚姻件数は１９７２年をピークに減少トレンドが続く。婚姻の減少は人口減少の要因の一つであるが、一人暮らし世帯の増加にもつながる。先述したように、「２０２０年国勢調査」速報集計では、東京都の１世帯当たり人数は１・95人と２人を割っている。一人暮らし世帯の増加に対応したビジネスはいろいろあるが、その一つがコインランドリーだ。少子高齢化で１人暮らしが増加するとコインランドリーの需要が拡大する。コインランドリーは成長業界なのだ。

厚生労働省の調査によると、１９９７年度に１万７３３９店だった店舗数は、２０１３年度には１万６６９３店まで増えた。その後、厚労省は調査結果を発表していないが、ランドリー業界の専門誌を発行するランドリービジネスマガジン社の調査によると２０１７年時点で約２万店と推計されている。20年で店舗数が２倍になった計算だ。コインランドリーは成長業界なのだ。

セブン－イレブンの店舗数が２万１１７９店（２０２１年５月末現在）であることを考えれば、いかにコインランドリーの数が多いか実感できるだろう。

業界１位の**ＷＡＳＨハウス（６５３７）**はコインランドリーチェーン「ＷＡＳＨハウス」を全国展開している。主体はＦＣ店で直営店は新エリアへ進出するときにアンテナショップとしての役割を果たす。２００１年に宮崎市で創業し、２０２１年３月末現在では全国に６３２店舗（ＦＣ５７３店、直営59店）ある。

同社は監視カメラとコインランドリー機械の遠隔操作を組み合わせたビジネスモデルで特許を持つ。同社はこの特許に基づき全国・全店で同じ品質のサービスを提供している。

同社のビジネスモデルではＦＣオーナーは店舗運営に関わる必要がない。来店客からのクレームや質問には24時間３６５日受付のコールセンターが対応する。また、本部スタッフが店内清掃や機械の点検、洗剤の補充といったメンテナンス業務を行う。ＴＶＣＭや新聞・雑誌への広告出稿を担当するのも本部だ。

２０２０年12月期は31店（直営5、ＦＣ26）出店し、２０２１年12月期はＦＣ店を77店出店する予定。今後はチェーンストアの敷地内での出店を増やし、相乗効果で客数を伸ばす戦略だ。

さらに出店を加速するだけでなく、コインランドリー機器の開発や洗剤など関連製品の内製化にも取り組む。２０２１年2月には宮崎市内に洗剤と柔軟剤の製造工場を完成させた（投資額4億円）。これまでは外部メーカーから洗剤と柔軟剤を調達していたが、自社で専用品を製造してコスト低減につなげる。

海外展開にも積極的で２００９年には中国と韓国でコインランドリー遠隔操作の特許を取得、２０１９年にはタイと中国に現地法人を設立した。そして、現在ではコインランドリー先進国であるアメリカでの事業開始を視野に入れている。アメリカでも個人事業主による経営が主流でチェーン店やＦＣは存在せず、セキュリティの不備、トラブル発生時の対応の遅さといった問題を抱えている店舗が多い。同社は「アメリカ市場に日本流のきめ細かなサービスを投入することでグローバル事業の本格展開を進めることができる」と考えている。

そのほか、同社は出店希望のオーナーへの不動産紹介も手がけている。コインランドリーといえば遊休地を抱える地主がサイドビジネスとして始めるケースが多いが、遊休地がビジネスに適しているとは限らない。同社は採算性の高い不動産をオーナーへ紹介し、オーナーの収益を確保するだけでなく、チェーン全体の強化も図っている。出店資金を必要とするオーナーは子会社のWASH HOUSEフィナンシャルから融資を受けることができる。

コインランドリーはコンビニと相性が良い

業界2位は「マンマチャオ」を展開する**エムアイエス（非上場）**。２００９年の創業でＦＣ店中心に展開している。同社も遠隔システムでＦＣ店をサポートする。コンビニ、スーパー、ドラッグとの併設店が多いのが特徴。コンビニは雨の日に売り上げが落ちるが、逆にコインランドリーは雨の日は利用者が増えるなど相性がいい。

また、競争激化で閉鎖したコンビニ店跡地への出店も得意とする。「大手コンビニがリサーチして出店した場所は集客に適した場所。コンビニ業で過当競争になっただけであり、コインランドリーとしては出店優良地だ」（三原淳・代表取締役）。

Fujitaka（非上場）は「ホワイトピア」「さわやかピュア」といった店舗ブランドで全国展開している。また、病院や福祉施設などへの大型洗濯機の販売や設置工事も行う。同社全体ではさまざまな種類の電気機器の卸販売や設置工事を手がけるが、近年はランドリー事業が収益を牽引している。

プライムランドリーソリューションズ（非上場）は「コインランドリーデポ」を全国に出店している。加盟店へのサポートや業務用洗濯機の販売とともに直営店の運営も行っている。遠隔操作システムがあり24時間営業が基本だが、一定時間はスタッフが駐在して清掃や接客を行うのが特徴だ。

関東や静岡で「ジャンボランドリーふわふわ」を展開するのが**トリオマネジメント（非上場）**。本部が各店舗にスタッフを派遣し、常駐させて接客するのが特徴。スタッフが機械の使用法などを説明したり、設備保全業務を行ったりする。また、子供連れの来客数を増やすためキッズコーナーを設けている。

大阪に本社がある**ノムラクリーニング（非上場）**はＦＣ方式によるクリーニング店とコインランドリー店の運営を手がける。大阪や奈良、兵庫に12事業所を構え、各事業所が担当エリア内で店舗を運営している。

物件のタイプは「クリーニング専門店」、「コインランドリー専門店」、「クリーニングとコインランドリーの複合店」の３つだが、最近はコインランドリーとカフェとの複合店も出店している。

ファミリーマート（非上場）は２０１８年度からコインランドリービジネスに参入した。コンビニにコインランドリーを併設させ、洗濯終了を待っているお客がコンビニ店内で買い物をしたり、イートインコーナーで飲食したりするのを狙っている。

同社のコインランドリーではスマホで洗濯機、乾燥機1台ごとの稼働状況、予定終了時間を確認できるので、顧客は空いている時間を見計らってから店舗へ行くことができる。また、洗濯終了時間が明確なので、洗濯中に安心してほかの場所に出かけることもできる。

２０２１年7月時点で国内のコンビニ28店に導入済みだが、タイや台湾のファミリーマートでも導入が始まっている。

ランドリーマシンの主要メーカー

コインランドリーで使用される業務用洗濯機の２大メーカーが**TOSEI（非上場）**と**アクア（非上場）**。

TOSEIはクリーニング店で使用する洗濯機を製造していたが、２００１年からコインランドリー用洗濯機の製造も開始した。現在はコイン式のふとん専用ガス乾燥機も手がける。

さらにコインランドリーの自社店舗を6店運営している。

アクアは中国の家電メーカー・ハイアールのグループ企業で、洗濯機、冷蔵庫、清掃機、食洗機などを製造している。洗濯機は家庭用と業務用の両方を手がける。

アクアのコインランドリー機器は、全て「Cloud IoTランドリーシステム」に対応している。Cloud IoTランドリーシステムでは、洗濯機や乾燥機、ICカード発行機、店内機器をインターネット回線で接続し、店舗情報や機器の稼働状況を一括管理する。

同システムにより遠隔操作で機械の設定・操作ができるので、店舗まで行かなくてもトラブル対応が可能だ。さらにリアルタイムで「売上情報の収集・分析」、「機器管理」、「顧客情報管理」もできる。

広島県の**山本製作所（非上場）**は独立系の機械メーカー。クリーニング店用の洗濯機製造からコインランドリー用に参入した。同社の特色は同社の開発したアプリ「smart laundry」によって顧客のスマホとコインランドリーマシンがつながること。顧客はスマホで洗濯機の空き状況を確認したり運転終了の通知を受信するだけでなく、洗濯機の操作も行う。

例えば、運転中の乾燥機のドアのロックをかけることができるので、顧客は乾燥機から離れて安心して買い物に出かけられる。そのほか、スマホアプリ操作で利用中の洗濯機や乾燥機の窓を透明から曇りガラス状にワンタッチで切り替えられる。人目が気になる衣類も安心して洗濯が可能だ。支払いはスマホでクレジット決済できるし、領収書を受け取ることもできる。

コインランドリーのオーナーにもさまざまなメリットがある。セールやキャンペーン情報を顧客のスマホに送信するので宣伝効率がいい。水道・光熱費・家賃などを入力することで、経費や利益をグラフで可視化して把握することもできる。

米国の**デクスター**は１８９４年に設立された業務用洗濯機メーカー。日本国内では先述したコインランドリーチェーンの**エムアイエス**が総代理店を務める。

同じく米国で１９０２年に設立された**スピードクィーン**は世界トップクラスの業務用洗濯機メーカーで、先述の**プライムランドリーソリューションズ**が輸入代理店となっている。

少子高齢化・人口減少に対応する企業群

弁当・総菜

わらべや日洋ホールディングス	2918	弁当・総菜業界で売上高トップ。セブン－イレブン向けが売り上げの大半。米国、中国で総菜を生産
セブン－イレブン・ジャパン	非上場	コンビニ業界首位。1974 年に第 1 号店。商品力に定評。1 店当たり売上高で他チェーンを圧倒
フジフーズ	非上場	1974 年からセブンイレブンへ総菜を供給。1 年間に開発する新規商品は 550 アイテムを超える
デイリートランスポート	非上場	フジフーズのグループ会社。全国 13 工場で製造した総菜をセブンイレブン店舗へ配送
プライムデリカ	非上場	プリマハム子会社でセブン - イレブン向けに和・洋・中の惣菜、サラダ、調理パン、スイーツなど製造
プリマハム	2281	伊藤忠商事の傘下でハム業界売り上げ3位。ポークウィンナ「香薫」が看板製品。タイに生産拠点持つ
武蔵野ホールディングス	非上場	傘下に武蔵野、武蔵野フーズ、武蔵野ロジスティクスなどの事業子会社を保有する持ち株会社
武蔵野	非上場	セブン－イレブン向けにおにぎり・調理パン・調理麺を製造。「ツナマヨおにぎり」を日本で初めて開発
武蔵野フーズ	非上場	セブン－イレブン店頭で販売のＰＢ食パンを製造。業務用冷凍麺を製造し「武蔵野」ブランドで販売
武蔵野ロジスティクス	非上場	武蔵野が製造した製品をセブン－イレブンの配送拠点や店舗へ配送するのが主業務
プライムデイリーフーズ	非上場	2017 年から武蔵野の傘下。広島県に本社を置きセブン－イレブン向けに弁当や総菜を供給
武蔵野沖縄	非上場	セブン－イレブンの沖縄出店のため武蔵野が沖縄食糧と設立。2019 年 7 月から弁当・総菜を本格生産
ニッセーデリカ	非上場	セブン－イレブンの国内初の調理麺専用工場として常時 20 ～ 30 種類の麺製品を製造する

カネ美食品	2669	大株主のファミリーマート向けに弁当、パスタなどを製造。駅ナカコンビの NewDays へも納入
ファミリーマート	非上場	コンビニ大手３社の一角。伊藤忠商事の傘下で非上場。カネ美食品の第２位株主
パン・パシフィック・インターナショナル HD	7532	カネ美食品の筆頭株主。総合ディスカウント店ドン・キホーテを展開。子会社にユニー、長崎屋など
シノブフーズ	2903	おにぎりや調理パン、総菜を製造。ファミリーマート向けが多い。「おにぎりＱ」はロングセラー商品
トオカツフーズ	非上場	コンビニ向けの弁当・おにぎり・サンドイッチ・麺類などを製造。主要販売先はファミリーマート
日清製粉グループ本社	2002	トオカツフーズの親会社。製粉業界１位。パスタなどの食品や総菜、サプリメントも手掛ける
グルメデリカ	非上場	ローソンへおにぎりや総菜を供給。2018 年にローソンの親会社・三菱商事の傘下に
ローソン	2651	コンビニ大手３社の一角。三菱商事の子会社。1975 年にダイエーの子会社として設立された
三菱商事	8058	総合商社大手。ローソンの親会社であり、グルメデリカの親会社でもある
山崎製パン	2212	1980 年にサンデリカを設立して中食部門に本格参入。パンで国内シェア４割の最大手
サンデリカ	非上場	調理パン、米飯類、麺類などを製造。販売先は量の多い順にローソン、デイリーヤマザキ、ミニストップ
デイリーヤマザキ（山崎製パン）	2212	山崎製パンが本体のコンビニ事業として「デイリーヤマザキ」「ニューヤマザキデイリーストア」を運営
ミニストップ	9946	コンビニ業界４位。大手総合スーパー・イオンの子会社。店内ファストフードに力を入れている

弁当・総菜の容器

エフピコ	7947	弁当・総菜容器の最大手で、国内シェア３割。自社で物流を運営しコスト低減に成功している

中央化学	7895	弁当や丼料理、寿司向けなどあらゆるタイプの容器製造。海外展開に熱心。三菱商事の子会社
積水化成品工業	4228	発泡ポリスチレンシートでできた弁当・総菜容器は軽量性と防水性に優れる。積水化学グループ
JSP	7942	「発泡ポリスチレンシートは食品トレーや弁当容器はもちろん、カップラーメン容器に使用されている
シーピー化成	非上場	全国６工場でプラスチック製食品容器を約8000種類生産。岡山に本社だが、首都圏を強化方針

マテリアルハンドリング

ダイフク	6383	世界トップクラスのマテハン企業。2018年にはファーストリテイリングと包括提携
椿本チエイン	6371	自動車工場の塗装ラインや印刷工場でのマテハンに強い。チェーンや自動車部品も手がける
西部電機	6144	立体自動倉庫やピッキングシステムが得意。産業ロボットで世界トップ級の安川電機と関係が深い
トーヨーカネツ	6369	空港手荷物搬送業務では国内シェア80%超。海外空港でも実績豊富。原油貯蔵タンクの建設も行う
ホクショー	非上場	物流施設や工場で使用される垂直搬送機器や仕分けシステム、コンベア、無人搬送車を開発・製造
村田機械	非上場	自動倉庫、半導体工場向け搬送システム、タイヤ工場内の保管・搬送システムなどを開発・製造
キトー	6409	モノを持ち上げる時に使用する巻き上げ機の国内トップメーカー。世界シェアは３位
象印チェンブロック	非上場	巻き上げ機を製造。販売先が国土交通省や防衛省、電力・建設・造船・食品メーカーなど多岐にわたる
マキタ	6586	電動工具の国内トップメーカーだが、巻き上げ機も製造。生産・販売とも海外比率が80%超
ZMP	非上場	台車型物流ロボットや無人型フォークリフトを開発・製造。ソニーと合弁でドローン事業も推進

豊田自動織機	6201	フォークリフト業界で世界トップ。顧客の工場や物流センターのマテハン業務全般を請け負うこともある
三菱ロジスネクスト	7105	フォークリフト業界で国内第2位。無人搬送車や自動倉庫も手がける総合物流機器メーカー
ロジザード	4391	倉庫・店舗・オムニチャネルの在庫管理システムをクラウドで提供。海外の日系企業で導入実績多数

人材サービス

パソナグループ	2168	「外国籍人材定着支援サービス」を提供。外国籍人材採用のための「新卒紹介予定派遣」業務も
パーソルホールディングス	2181	人材総合サービス業界2位。子会社が外国人採用・研修サービス展開
パーソルグローバルワークフォース	非上場	ミドル層の外国人対象に、現地での募集、研修、日本での定着支援、帰国後のサポートまでを行う
パーソルグローバルワークフォースフィリピン	非上場	フィリピンのミドル人材を対象に日本での就労のためのトレーニングを行う
アルプス技研	4641	正規雇用した技術者をメーカーの設計、開発部門に派遣する技術者派遣業を営む
アグリ＆ケア	非上場	アルプス技研の子会社。外国人労働者を日本の農業や介護分野に派遣する。

日本語学習

市進ホールディングス	4645	学習塾「市進学院」を展開。子会社が「江戸カルチャーセンター日本語学校」を運営
江戸カルチャーセンター	非上場	日本語学校運営。これまで70か国以上から外国人を受け入れ、1万人超の卒業生を輩出した
学研ホールディングス	9470	市進ホールディングスの筆頭株主。学習参考書や児童書では国内トップ
学究社	9769	市進ホールディングスの第2位株主。東京西部地盤に小中学生向け塾「ena」を展開

京進	4735	京都・滋賀が地盤の学習塾。子会社の京進ランゲージアカデミーが全国10か所で日本語学校を展開
京進ランゲージアカデミー	非上場	日本語学校を運営。大学院・大学・美術大学など留学生の進学先によってコースを細かく分けている

社宅・寮の運営支援

サンネクスタグループ	8945	社宅建物の維持・リニューアル計画の策定、社宅規則の作成、管理業務などを請け負っている
リログループ	8876	大学の留学生寮の運営支援。物件オーナーから物件を借り上げ、大学に転貸する

コインランドリー

WASHハウス	6537	全国に遠隔管理型コインランドリー店を展開。業界トップ。海外展開にも積極的。東京マザーズ上場
エムアイエス	非上場	コインランドリー業界2位。FC中心に展開。コンビニ、スーパー、ドラッグとの併設店が多い
Fujitaka	非上場	「ホワイトピア」「さわやかピュア」との店舗名で全国展開するコインランドリーチェーン
プライムランドリーソリューションズ	非上場	遠隔操作システムがあり24時間営業が基本だが、一定時間はスタッフが駐在して清掃や接客を行う
トリオマネジメント	非上場	関東や静岡で「ジャンボランドリーふわふわ」を展開。子供連れ客数を増やすためキッズコーナー設置
ノムラクリーニング	非上場	ＦＣ方式によるクリーニング店とコインランドリー店の運営を手がける。カフェとの複合店もある
ファミリーマート	非上場	2018年度からコインランドリービジネスに参入。タイや台湾のファミリーマートでも導入開始

コインランドリー用洗濯機

TOSEI	非上場	コインランドリーで使用される業務用洗濯機を製造。コイン式ふとん専用ガス乾燥機も製造
アクア	非上場	中国の家電メーカー・ハイアールのグループ企業。洗濯機は家庭用と業務用の両方を手がける
山本製作所	非上場	自社開発アプリ「smart laundry」によって顧客のスマホとコインランドリーマシンがつながる
デクスター	米国企業	1894 年設立の米国・業務用洗濯機メーカー。日本国内ではコインランドリーチェーンのエムアイエスが代理店
スピードクィーン	米国企業	1902 年設立の米国・業務用洗濯機メーカー。日本国内ではプライムランドリーソリューションズが代理店

第6章
地味だが強い グローバルニッチトップ（GNT）企業

経済産業省が認めた優良企業

ニッチな分野であったとしても、そこで圧倒的なシェアを占めていれば、トップの地位は簡単に揺らがない。扱い品目はニッチであっても、高い技術力が世界で評価されて、活動範囲はグローバルということは珍しくない。

経済産業省は２０１４年３月、ニッチ分野において高いシェアを確保し、なおかつグローバルに展開している優良企業を「グローバルニッチトップ（ＧＮＴ）企業１００選」として選定した。

その後、デジタル経済の進展、世界の政治経済情勢の変動、少子高齢化の進行など日本企業を取り巻く事業環境は大きく変化している。こうした状況を踏まえ、経済産業省は新たな環境下でも成長し続けているＧＮＴ企業を選び、２０２０年6月に第2回「グローバルニッチトップ（ＧＮＴ）企業１００選」を発表した。

内訳は機械・加工部門が61社、素材・化学部門24社、電気・電子部門20社、消費財・その他部門8社。１００選とされているが、実際は全国から１１３社が選ばれている。言ってみれば、経済産業省のお墨付きの優良企業１１３社ということだ。それでは、注目のＧＮＴ企業を紹介しよう。

半導体の微細化とともに成長

自動車用ワイパーのゴム部分をワイパーブレードラバーと呼ぶ。埼玉県に本社を置く**フコク（5185）**が生産する新車用ワイパーブレードラバーの国内シェアは90%超、世界シェアは50%を超える。

１９５３年、創業者・河本栄一が立ち上げた富国ゴム工業がフコクの始まり。１９５６年にワイパーブレードラバーとガラスの間の摩擦を低減する技術で特許を取得。その後は、ワイパーブレードラバーとガラス面が均一接触し、水の拭きスジが残らない工法などを開発し自動車部品業界で確固たる地位を築いた。現在は日本・韓国・タイに製造工場を構えており、年間販売は2億本を超える。

同社のワイパーブレードラバーは自動車以外に鉄道・船舶・航空機などにも使用されており、運転者の視界確保に貢献している。

また、自動車のブレーキシステムに使用されるシール製品や鉄道車両の振動・騒音を低減するための防振製品も手がけている。パワーウィンドウが上下し終わる時の衝撃を吸収する部材であるドアカップリングの国内シェアは90%を誇る。

そのほか、新たに注力している分野が超音波モーターだ。超音波モーターは人間の耳には聞こえない超音波を使ってローターを移動させるモーター。通常のモーターのようにコイルやマグネットによる電磁力を一切利用しない。超音波モーターはモーター自体の形に自由度があり、従来よりもはるかに薄いモーターやまっすぐなモーターなどを作ることができる。さらに音が小さいとの利点もある。

同社の超音波モーターは一眼レフカメラのオートフォーカスや高級車のヘッドレストの駆動、ロボットの駆動部分などに幅広く利用されている。

東洋合成工業（4970）は半導体の製造に使用されるフォトレジストの主要原料である感光性材料を製造している。その世界シェアは約50%でさらに上昇する傾向にある。

フォトレジストとは特定の光を受けると性質が変わる感光性の液状樹脂。半導体の製造においてはシリコンウエハに酸化膜をつけた後にフォトレジストを塗る。その後、光線で回路図を焼き付ける。フォトレジストの性能が半導体の微細化・高密度化に大きく影響するのは言うまでもない。

シリコンウエハに複雑な回路を焼き付けるには波長の短い光が必要なので、近年では波長の短いＥＵＶ（極端紫外線）を使用することが増えている。同社はＥＵＶに対応したフォトレジストに使用する感光性材料も生産する。

感光性材料の需要増加を受けて同社は２０１８年度から既存設備増強と新製造棟の建設に取り組んで来た。２０２０年10月の製造棟完成で一連の設備投資は一旦終了し、生産能力は２０１７年に比べて約60％増加した。

同社は１９５４年に麻酔薬などの医薬品用化学製品の製造で創業し、オイルショックを機に感光性材料分野に進出した。１９８１年には感光性材料の商品化に成功し、その後は半導体の微細化に伴って事業を拡大してきた。現在では全売上高のうち60％が感光性材料だ。自動運転やＡＩの進化、５Ｇ通信の普及など世界規模でのデジタル化進展により、同社の感光性材料にはフォローの風が吹いている。

戦艦大和の探索調査に参加

京都市に本社を置く**ナベル（非上場）**は日本国内で初めて鶏卵の「自動洗浄選別包装装置」

を開発した機械メーカーだ。

自動洗浄選別包装装置とは鶏卵の洗浄、選別、包装を自動で行う機械。同社の国内シェアは80％で、世界は20～30％。同装置は最多毎時24万個の卵を処理することが可能だ。日本でスーパーなどの店頭に並んでいる鶏卵の大半はナベルの機械によって洗浄・パッキングされている

さらに卵のひびを検査するための「自動ひび卵検査装置」、殻の汚れをチェックする「自動汚卵検査装置」、血の混入や腐敗を検出する「異常卵検査装置」なども製造している。

自動ひび卵検査装置は卵を軽く叩いたときの音色の分析・音感の判別によりひびを自動的に検出する。１個の卵を瞬時に16回触診、発生した音響を分析し、ひびの有無をチェックする。音響分析方式により、全く視認できない微細なひびの発見も可能で、検出率95％を誇る。

自動汚卵検査装置内では回転する卵１つに対してカメラ約２～３台が各６回撮影。得られた画像を高速で分析して汚卵を検出する。

従来、人間の目による異常卵検出は、膨大な時間と労力を要するうえ信頼性も低く、鶏卵流通における大きな課題だった。この問題を一挙に解決したのが同社の異常卵検査装置。透過光の波長を用いて卵の異常をチェックする。

同社は１９６４年に家電製品の生産ラインの制御機器メーカーとして創業。１９７５年に

は超音波振動を利用して卵パックのふたを接着する装置を日本で初めて開発した。これをきっかけにその後は鶏卵選別包装装置の開発・製造に取り組み、現在では洗浄機能を備えた装置も製造している。

1990年代から鶏卵選別包装装置の海外輸出を開始し、2003年にはマレーシアにナベルアジアを設立。2014年には世界の約4割の鶏卵生産量を誇る中国にナベル上海を設立した。現在では世界69の国と地域に装置を販売している。

同社の顧客となる養鶏場では鶏が休みなく卵を産み続けるため、鶏卵選別包装装置の長時間停止は顧客にとって大問題となる。装置のメンテナンスは極めて重要な業務だ。世界各国への販売拡大はメンテナンスビジネスも拡大させ、同社の収益安定に寄与する。

古野電気（6814）は1948年に世界で初めて魚群探知機の実用化に成功して以来、さまざまな航海機器や通信機器を開発し続けてきた。現在では大型商船から漁船やプレジャーボート向けまであらゆる船舶に対して機器を供給している。

同社の商船向けレーダーの世界シェアは40％を超え、世界の船舶の安全航行のために欠かせない。同レーダーは自ら電波を発射しその反射波を捉えることで他船などの障害物を探知する。

国際海事機関（ＩＭＯ）が定める船舶の装備規格が年々整備されるのに合わせて、商船向けレーダーや無線用通信機をパッケージ化し、全世界の造船・海運会社へ売り込むことでシェアを拡大してきた。

同社では船舶用事業で培った技術を基にヘルスケアやＩＴＳ（高度道路交通システム）機器なども手がけている。ヘルスケア製品としては超音波を用いて骨密度を測定する「超音波骨密度測定装置」や血液や尿などの成分を測定する「生化学自動分析装置」などがある。

またＥＴＣ車載器やＧＰＳ受信機を製造するだけでなく、車載端末から取得した情報を活用して営業車の位置や運転状況、危険の有無を把握する業務車両管理サービスの提供も行っている。

同社は早い段階から国際展開を進めてきた。１９７２年に魚群探知機部門で米国海洋電子機器協会の最優秀メーカー賞を受賞、１９７４年にはノルウェーに同社初の海外子会社を設立した。その後は米国、欧州、アジアに拠点を設け、現在では海外に関係子会社27社を有する。

ちなみに同社は１９８２年に行われた戦艦「大和」の探索調査に参加。同社が開発した三次元ソナーを使用して水深３５０メートルの海底で眠る「大和」の幅、高さ、長さはもちろん、その形状、沈座状況などを三次元で捉えることに成功したという実績もある。

世界の自動ドアを制御

オプテックスグループ（６９１４）はセンサーを使用して様々な情報を計測・数値化する技術を強みとしている。同社の自動ドアセンサーの世界シェアが30％であることからＧＮＴ企業に選ばれた。

１９８０年、同社は足踏み式による開閉が主流だった自動ドア業界において、世界初となる遠赤外線を利用した自動ドアセンサーを開発・製品化した。以来、自動ドアセンサーのパイオニアとしてグローバルに事業展開し続けている。

自動ドアは、風雨、雪、小動物、光や電磁ノイズといった外部環境の影響を受けやすい場所に設置される。そのため、過酷なフィールドテストや世界各国の設置現場での事例情報を基にセンサー精度の向上を図っている。同社のセンサーは世界80カ国の商業施設、オフィスビル、病院などで採用済みだ。

同社は２０１４年にもＧＮＴ企業に選ばれている。その時は屋外用の侵入検知センサーの世界シェアが40％であることが評価された。

従来、防犯システムでは建物内に何者かが侵入した後に検知する「事後通報」が主流だった。しかし、侵入されないのに越したことはない。そこで、同社は建物への侵入前に検知し、犯罪を未然に防ぐ「事前抑止」を目指した。

屋外では、屋内に比べて自然環境の変化による誤作動が多く、確実に侵入者を検知することが困難だった。しかし、１９９６年に技術開発に成功してからは誤作動の少ない侵入検知センサーを市場に送り出している。

同社はセンシング技術を生かして駐車場内の車両検知システムや安全運転支援機器なども手掛けるが、注目はコロナ関連のソリューションの提供も行っていることだ。

学校や病院、イベント会場、商業施設、オフィス等には不特定多数の人々が集まる。この中にはコロナだけでなく、さまざまなウイルスや細菌に感染した人がいる。新型コロナウイルス感染症をきっかけに、最近は感染予防対策として公共の場所の入口で検温や手指の消毒をするのが当たり前になってきた。

商業施設などの入口には、専任スタッフや警備員が検温やマスク着用の確認を行っていることが多い。しかし、入り口に一定人数を貼り付けておくのは人件費負担が大きい。また、専任スタッフや警備員は対人接触が続くので感染リスクにさらされ続ける。

オプテックスのＡＩ検温システムは、無人で非接触で検温とマスク着用のチェックを同時に行う。感染拡大の抑止と、労働生産性の向上を両立させることができるのだ。

ＡＩ検温システムでは、本体画面に顔を向ければ、非接触で０・２秒で検温とマスク着用の有無を判定できる。体温が高い人やマスクを着用していない人に音声とアラーム音で注意を促す。検温は一人ずつだが、１分間に20～30人連続で検温が可能だ。

広島県に本社のある**白鳳堂（非上場）**は高級化粧筆の世界シェアナンバーワン企業だ。海外の映画女優やトップモデルの化粧を担当するのがメークアップアーチスト。そのメークアップアーチストから絶大な支持を集めているのが白鳳堂の化粧筆なのだ。毛先が柔らかく、筆がパウダーや口紅を良く含み、色の濃淡を調整しやすい。

品質の高さの秘密は筆先にある。高級化粧筆の主な材料は動物の毛であり、その「毛先」が筆のはたらきを最大限に生かす役目を果たしている。この場合の毛先とは、単に「毛の先のほう」の意味ではなく、毛の突端にある一段と細い部分を指す。毛先があることで筆全体がまとまり、パウダーや口紅がスムーズに毛先に下りてくる。筆づくりでは、毛先を切らないのはもちろん、傷めないように細心の注意を払う。

筆の見栄えを重視して毛先を切りそろえる筆メーカーは多いが、切り口が肌に当たってちくちくするし、化粧の乗りが良くない。同社は毛先を切らずに機能性の高い筆をつくる技術で特許を取得し化粧筆分野のパイオニアとなった。

同社は約２００年の筆づくりの伝統を持つ広島市熊野町で１９７４年に創業した。当初は化粧品市場の成長に伴って、筆の売り上げも伸びると期待していたがそうはならなかった。国内化粧品メーカーは、化粧筆を化粧品の付属品と見なして、高い金額で筆を仕入れるという考えがなかったのだ。

転機となったのは１９９５年に米系大手化粧品メーカー・エスティーローダーの主要ブランド「Ｍ・Ａ・Ｃ」と取引を開始したことだ。「Ｍ・Ａ・Ｃ」へ化粧筆をＯＥＭ供給したところプロのメーアップアーティストに高く評価され、他のメーカーからも注文が入るようになり、国内メーカーとの取引も始まった。現在では欧米や日本の主要化粧品メーカーの大半と取引がある。

ＯＥＭ以外に自社ブランド展開もしており、売り上げの約5割は自社ブランド。自社ブランドは全国の直営13店で販売している。京都本店は京都御所や京都市役所に近い京都市中央区にあるが、新古今和歌集の選者の一人である藤原定家の邸宅跡だ。東京都内の旗艦店は南青山にあり、立地によるイメージも大切にしている。

90年代には中国に協力工場を持っていたが既に撤退。現在では品質にこだわり月産約50万本にのぼる筆をすべて、広島県内の自社工場で生産している。しかし、伝統工芸品を制作するような特別な職人が筆を作っているのではない。毛の選別や毛先を整える作業は熟練の職人が行うが、その他の工程はパートが担当することもある。工程を細かく分割することでパートでも作業ができるようにしたのだ。

筆作りの全行程を一人でこなすようになるには時間がかかるが、限られた工程だけに習熟するのはそれほど困難ではない。同社は分業を進めることでコスト圧縮と品質維持という相反する目標を達成したのだ。

世界トップライダーから愛される企業

大同工業（**6373**）はオートバイや自動車用、産業機械用の各種チェーンを製造している。同社はオートバイ用ドライブチェーンで圧倒的に強く、その世界シェアは約50％。日系オートバイメーカーに限れば採用率は70％を超える。

ドライブチェーンとは、エンジンからの動力を後輪に伝えてオートバイ本体の推進力を生むためのチェーン。同社のチェーンは軽量・高耐久であり、これまでＭｏｔｏＧＰ、世界耐久選手権、モトクロス世界選手権、パリ・ダカールラリーと言った世界トップクラスのオートバイレースで採用されてきた。特に最高峰レースのＭｏｔｏＧＰは四輪のＦ１に匹敵するが、20年10月のＭｏｔｏＧＰ参加11チーム中4チームが同社のチェーンを採用している。

史上最強のライダーとの呼び声が高いＭｏｔｏＧＰライダーのバレンティーノ・ロッシはどのモーターチームに属したときでもチェーンは大同工業のものを指名するほど惚れ込んでいて、20年8月から同社のブランドアンバサダーを務めている。

同社はドライブチェーンのほか、オートバイエンジン内で使用されるタイミングチェーンやタイヤホイール、ハンドルパイプなども手掛けている。

大同工業は、日本で初めて「いす式階段昇降機」の製品化に成功したパイオニアでもある。「いす式階段昇降機」とは体の不自由な人が段差や階段を椅子に座ったまま昇り降りできる昇降機のこと。最近は一般住宅から公共施設まで様々な場所で設置が増えている。

いす式階段昇降機が最初に登場したのは福祉先進国のイギリスだが、同社は１９８９年にチェーンの技術を活用して製品化に成功した。最近では他社も同様の製品を手掛けているが累積販売台数は同社が国内トップ。

同社のいす式階段昇降機で特筆されるのは丁寧な製作と施工だ。顧客の家と同じ形状・寸法の模擬階段を工場内に作り、レールを設置して実際に昇降機を試運転してから施工している。ちなみに、車いすごと昇降機に乗ることができるシステムを生産しているのは同社のみだ。

カンケンテクノ（非上場）は、京都府に本社を置く環境装置メーカーだ。各種排ガス処理装置を製造するが、半導体製造排ガス除害装置の国内シェアは40％でトップ、世界シェアは20％を誇る。

半導体や液晶の製造プロセスではそのまま外へ排出できない有害ガスが生成される。一般的にはこのガスを化石燃料で燃焼して無害化するが、燃料代がかさむだけでなく、大量のCO_2が発生してしまう。

これに対して、同社製品は電熱ヒーターやプラズマで排ガスを分解するためCO_2の発生が少なく環境に優しい。

同社は１９７８年の創業で、当初は排ガスを水で洗浄する大型の装置を手掛けていた。その後、創業者の今村啓志社長が小型排ガス処理システムの開発に着手し、これが電気式の半導体製造排ガス除害装置へとつながった。

まずは国内で高い評価を受け、その後はアジアの半導体生産増加に伴ってアジア進出を進めた。現在では海外子会社12社を持ち、同社製品の累計生産台数は1万３０００台を超えている。

半導体製造排ガス用のほか、温室効果ガスやＶＯＣ（有機溶剤）を含む排気ガスの処理装置の開発、製造も手掛ける。

1848年創業の医薬メーカー

香川県に本社を置く**帝国製薬**（**非上場**）は1848年創業の医薬品メーカーで、医療用バップ剤の世界シェアは約3割。バップ剤とは湿布の一種で、水分を多く含むジェル状の軟膏を布やプラスチックフィルムに貼り付けたもの。医療用とは医療用医薬品を意味し、医師や歯科医師の診断・処方に基づいた使用が義務付けられている医薬品のことだ。

1938年に初めてバップ剤を発売したが、当時のバップ剤は泥状の薬剤を布に塗ってから体に貼るのでとても扱いにくいものだった。1970年代にフィルムをはがして貼るだけで使用できる成型バップ剤を開発、1974年に医療用医薬品の承認を受けてからバップ剤を主力製品とするようになった。

現在のパップ剤の生産能力は年間約1万8000トンで、レギュラーサイズのパップ剤（縦14センチ・横10センチ）に換算すると、約12億枚にもなり、生産能力は世界一を誇る。製品は提携企業のブランド名で販売されるので、同社の社名はあまり知られていない。

これまで関節痛や肩こりに効くバップ剤を生産してきたが、今後はバップ剤で培った経皮吸収技術を他分野の治療に応用していく。薬といえば口から投与するものを想像するが、薬の性質によっては口から投与するよりも、皮膚を通して吸収させるほうが、副作用が少なくて効率的なこともある。

２０２０年に大手医療機器メーカーのテルモは、ガンの痛みを和らげる貼り薬「テイコク」を医療機関向けに発売した。対象は中程度から高度の痛みを抱えるガン患者だ。患者の腕や胸・腹部等に貼ると成分が皮膚から吸収され、持続的に全身の痛みが緩和される。テイコクを製造しているのが帝國製薬だ。今後、こうした取り組みが増えていく。

同社は「人類の痛みからの解放」をスローガンとしており、錠剤やカプセル剤の開発にも力を入れている。医療用麻薬を扱える製薬メーカーは世界でも限られているが、同社のガン疼痛治療薬「メサペイン錠」には医療用麻薬が使用されている。

名古屋市に本社を置く**フタムラ化学**（**非上場**）が製造するセルロースの世界シェアは70％を超える。セルロースとは木材を原料にした透明フィルムのこと。食品包装や医薬品包装のほか、セロハンテープなどに使用される。最終的には水と二酸化炭素に分解されるため脱プラスチック素材としても注目されている。また、プラスチックフィルムは原料がナフサなので原油価格の影響を受けるのに対して、植物由来のセルロースは原材料価格が安定しているというメリットがある。

同社は１９５５年から岐阜県大垣市でセルロース製造を開始、２０１６年までに生産量世界第2位、世界シェア30％を占めるに至った。そして２０１６年、世界シェアトップのイギリスのイノービアグループのセルロース事業を買収し世界シェアは70％に高まった。それまでは大垣工場のみで生産していたが、買収によってイギリス、アメリカの生産工場と世界を網羅する販売網を手に入れた。

同社は不織布も製造している。不織布とは繊維を織らずに絡み合わせたシート状のもので、ガーゼやウエットティッシュ等に使用される。多くの不織布は石油由来物質を原料とするが、同社の不織布は自然由来のパルプを１００％使用する。

従来の工法では木材から抽出したパルプを溶かしてセルロースを取り出す際に、苛性ソーダや二硫化炭素などの化学薬品を使うため、有害なガスや排水が発生していた。そのため同社は工場内に大規模な排ガス・排水処理設備を設置しなければならなかった。

同社では20年以上前から化学薬品の代わりに「イオン液体」を使用する工法の研究に取り組み、現在では量産化のメドが立っている。この工法は工場のある大垣にちなんで「大垣法」と呼ばれる。

大垣法では排ガス・排水処理設備は必要ない。以前はイオン液の値段が高いことが課題だったが、イオン液の回収・再利用を可能にしたことでコスト削減に成功した。化学薬品を使わずにパルプからセルロースを取り出す技術を持っているのは世界でフタムラ化学だけだ。

大垣法の優れている点は環境負荷やコストの低減だけではない。一般的な不織布に比べて吸水性・抱水性が高く、肌触りが柔らかいのでウエットティッシュ、ボディペーパー、フェイスマスクに適しているのだ。

植物検疫に欠かせない企業

鹿児島県に本社を置く**三州産業（非上場）**は果物の検疫時に使用される「蒸熱処理装置」で世界シェア40～50%を占めるトップ企業だ。

蒸熱処理装置とは殺虫剤を使わずに、蒸気と熱の力で果物についた害虫の卵や幼虫を殺虫する装置。果物の生産国が果物を輸出する際の検疫に使用する。

確実に害虫を殺虫し、なおかつ果実の鮮度を落とさないようにするため、同社の蒸熱処理装置は装置内の温度を０・１℃単位でコントロールする。

検疫の世界では長い間、薬剤による処理が主流だった。しかし、薬剤の残留物には発がん性の疑いがある。温湯法といって果物をお湯につけて殺虫する方法もあるが、温湯法では果物の鮮度を保つのが難しい。殺虫の徹底と果物の鮮度保持を両立させるには蒸熱処理が最も優れているのだ。

同社は１９４８年から葉たばこの乾燥機を製造しており、熱管理に関する技術の蓄積があった。１９８３年に沖縄県の依頼でピーマンに寄生するウリミバエを殺虫するための「蒸熱処理装置」を開発。それをきっかけに日本のＯＤＡ（政府開発援助）を活用してフィリピンやタイのマンゴー検疫用に蒸熱処理装置の輸出を開始した。現在では東南アジア以外に中国、インド、オーストラリア、南米などへ輸出している。

同社はまず果物生産国の検疫局に蒸熱処理装置の試験機を納入する。相手国は日本から得たＯＤＡ資金で試験機を購入するのだ。検疫局が検証実験を行って効果を確認した後で、相手国の検疫業者と商談が始まる。各国ごとに規制が異なり果物の性質も違うので、試験機納入から正式な取引に至るまでには3年以上かかる。ただ、有力なライバル企業がないので、一旦取引が始まればその後は安定した関係が長く続く。

以前は総合商社に取引先開拓を委託していたが、最近は同社の知名度が上がったためインターネットで直接注文がくるケースが増えてきた。

同社のシェアが高いのは技術が優れているからだけでなく、販売方法も優れているからだ。果物の輸出量が少ない段階では蒸熱処理装置の納入に消極的な国が少なくない。そこで最初は少量の果物に対応するため小さな装置を稼働させ、その後、輸出量の拡大に応じてユニットを増設できる仕様としている。

2019年にはカンボジアが韓国向けマンゴーの検疫用に蒸熱処理装置を購入した。それまではカンボジアから日本へ輸出する際に蒸熱処理装置を使用していたが、日本以外の国への輸出用にも購入したのだ。対象国の拡大につれて同社の蒸熱処理装置の販売も伸びていくだろう。

福井製作所（非上場）は日本で唯一の安全弁専門メーカーだ。

安全弁の基本構造は家庭にある圧力鍋の上に付いている弁と同じ。圧力鍋の場合、内部の圧力が上昇すると破裂をさけるために蒸気を排出し、圧力が下がれば弁を閉じる。

工業用の安全弁はガスタンクや化学プラントの配管など、圧力がかかる場所に設置されており、機器の爆発を防ぐ役割を担っている。配管内の圧力が異常に上昇すれば自動的に弁を開いてガスを排出し、内部圧力の降下とともに自動的に閉じる。

同社の安全弁は様々なプラントや船舶に設置されているが、ＬＮＧ（液化天然ガス）を運搬する船舶に設置されたＬＮＧタンク用の安全弁では世界シェア1位。

１９５０年代に米・英両国政府がＬＮＧの洋上輸送の研究を推進し、１９５９年に世界で初めてＬＮＧ運搬船によるＬＮＧの国際輸送に成功した。それ以来、ＬＮＧ運搬船は世界で６００隻以上建造・運行されており、その90％以上に福井製作所の安全弁が使用されている。納入先は80カ国を超す。

天然ガスを液体にしておくにはマイナス１６２℃以下に保つ必要がある。同社は極低温下でも弁の開閉を正確に行う技術を有し世界中で高い評価を得ている。

ＬＮＧ運搬船は通常30年以上使用されるので、定期的に修繕ドックでメンテナンスを受けなければならない。同社は世界18カ所の拠点で顧客データに基づいたメンテナンスサービスを提供している。同社の売り上げのうち30％以上がメンテナンスだ。

同社の今後の成長に寄与しそうなのが、船舶燃料のＬＮＧ化だ。これまでは重油を燃料にしたＬＮＧ運搬船によってＬＮＧを運んでいたのだが、今後はＬＮＧを燃料とした船舶が増加していく。

船舶が使用する重油燃料には硫黄分が含まれるため、排出される燃焼ガスに硫黄酸化物（ＳＯｘ）が含まれる。ＳＯｘは大気汚染や酸性雨の原因となるので、国際海事機関がＳＯｘ排出を厳しく規制している。

ＬＮＧは硫黄分を含まないため、燃焼時のＳＯｘ排出を１００％削減できる。さらにエンジンの型式にもよるが窒素酸化物（ＮＯｘ）排出量を40～80％、CO_2排出量を25％削減することも可能だ。

船舶燃料が重油からＬＮＧへ切り替われば、今よりも多くの船舶がＬＮＧタンクを搭載することになり、同社の安全弁の需要は急拡大する。

同社は火力・地熱発電所で使用される安全弁の製造も手掛けている。火力発電所では１０００℃を超す温度で燃料を燃やすこともあるが、近年ではCO_2排出量の低減のため超高温化が進む。同社は超高温に対応する安全弁の技術も持っている。

世界中のスーパーマーケットで使用される計量機

イシダ（非上場）は京都に本社を置く計量・包装機器メーカー。１８９３年に日本初の民間計量機メーカーとして設立された。

イシダがグローバルニッチトップ企業に選ばれるのは２０１４年に続いて2回目となる。

前回は組み合わせ計量器（コンピュータスケール）が評価の対象になった。コンピュータスケールとは、野菜のように形状や重量が1つごとに異なるモノの重量を正確に計量し、決められた重量ごとに袋詰めをする機械だ。

たとえば1袋１５０グラムのピーマンの詰め合わせを作る場合、コンピュータスケールは各ピーマンの重量を計測すると同時に、合計１５０グラムになるための組み合わせを設定して袋に詰める。現在、１００カ国以上でこの製品が販売されており、世界シェアは50％を超える。

今回、評価の対象になったのは自動計量包装値付機。これは生鮮食品の計量・包装・印字ラベル貼りの3工程を自動で行う機械で、世界中のスーパーマーケットや食品工場に導入されている。

樹脂製のトレーに生鮮食品を乗せて、そのトレーを自動計量包装値付機の計量皿に置くと、計量が行われると同時に高性能カメラがトレーの形状を確認する。そして、最適な包装条件を自動的に選び作業を開始する。1分間で35パックの計量・包装・印字ラベル貼りが可能という性能が評価されて、国内シェア60％、世界シェア40％を誇る。

自動計量包装値付機には白菜やキャベツなどの青果物をトレーに乗せず直接包装する「青果物用モデル」もある。青果物のバラ売りではお客が青果物を直接手に取ることがあり、コロナの感染拡大を助長する可能性がある。感染防止には青果物の個別包装が有効であるため青果物用モデルの需要が高まっている。

生産・物流に関しては日本国内にマザー工場があり、海外6カ国に生産・物流拠点を持つ。販売・メンテナンスは国内に18拠点、海外に21拠点を構える。今後はインドやアフリカといった人口増加地域に競合他社に先駆けて進出していく方針だ。

太平洋工業（7250）はタイヤバルブとバルブコアのトップ企業で、両方とも国内シェア１００％、世界シェア50％超を誇る。タイヤバルブとは、タイヤの空気注入口にあるバルブのこと。

バルブコアとはタイヤバルブの重要構成部品であり、通称「ムシ」と呼ばれている。バルブコアは空気注入時には弁を開いてスムーズな流れを確保し、通常時には空気を外へ漏らさない重要な働きをする。同社はタイヤバルブの開発・設計・製造・検査までを一貫して手がけている。

国内には本社のある岐阜県を中心に8工場あり、海外には米国・中国・韓国・台湾・タイ・フランスに生産拠点を持つほか、ベルギーに販売会社がある。

創業者の小川宗一は１９３０年に毛織業を営む兄の出資を得て、岐阜県大垣市に「太平洋工業合名会社」を設立した。当時の国内自動車生産台数は年間わずか450台。自動車部品のほとんどを輸入品に頼っていたが、自動車産業の将来性に期待し、日本で初めて自動車用バルブコアの生産を開始した。

創業当時は技術もノウハウもなく、輸入品のバルブコアを真似て造ることは容易ではなく、「バルブコアは精密時計を造るよりむずかしい。それを日本で造れるわけがない。」と外国人技師から言われるほどだった。

製品化まで困難が続いたが、1934年に空気もれ検査機の開発に成功し品質の均一化が保てるようになった。そして、1936年に実用新案権を取得したことで後発メーカーを抑えて国内市場を独占し、その後の躍進の基礎を確立した。

2018年には米国とフランスの有力バルブメーカーを買収し、日・米・欧・アジアの4極体制を確立した。現在では世界120カ国以上で同社のタイヤバルブが販売されている。

同社ではタイヤバルブで培った技術を活かしてTPMS関連製品の製造に注力している。TPMSとは「Tire Pressure Monitoring System」の略でタイヤ空気圧監視システムのこと。自動車の走行中にタイヤの空気圧や温度を監視し、異常を察知するとドライバーに知らせるシステムだ。タイヤホイールに取り付けるセンサー送信機と、ダッシュボードへ取り付けるモニター（受信機）から構成されている。

ＴＰＭＳはタイヤのパンクやバーストなどの事故防止に役立つだけではない。空気圧を適正に保つことは燃費向上、すなわちCO_2の削減にも貢献するのだ。

２００７年９月から米国で販売される新車にはＴＰＭＳの装着が義務づけられた。この流れは世界に広がり、現在ではＥＵ、ロシア、中国などでも義務化され、日本でも法規化が検討されている。今後、ＴＰＭＳ関連製品は同社を牽引する有力ビジネスとなるだろう。

通常、社名には創業者の名前の一部や地名が使われることが多いが同社は違う。「世界を相手に事業を展開していきたい」という創業者の想いを込めて、「太平洋工業」と名づけられたそうだ。

筆者が選んだグローバルニッチトップ企業

最後に、経産省が選んだグローバルニッチトップ企業ではなく、筆者が選んだグローバルニッチトップ企業を紹介する。

ユシロ化学工業（**5013**）は金属加工油剤というニッチな分野の国内トップメーカーで、そのシェアは約4割。同社によると世界シェアは1割となっている。米国、メキシコ、ブラジル、中国、台湾、韓国、インド、東南アジアなど13カ国15カ所に拠点を持つ。

　金属加工油剤とは金属を切断したり、削ったりする時に用いられる潤滑油だ。金属加工油剤を使用するメリットは３つある。まず１つが工具の耐久年数が伸びること。工具と金属の間の摩擦が軽減されるので工具の摩耗を和らげることができる。２つめが冷却効果。金属加工では金属の温度が８００℃を超えることもある。高熱により金属が膨張したり変形したりするのを防ぐ。３つめが工具の刃先に金属くずが付着するのを防ぐこと。高温で溶けた金属くずが刃先に付くと刃先が鈍り、加工の仕上げ精度が低下してしまう。そのほか、金属加工油剤には防錆や洗浄効果もある。

　金属加工油剤にもいろいろあるが、同社の主力は自動車の部品製造時に使用する切削油剤だ。これまで日系自動車メーカーの海外生産拡大に伴い国際展開を進めてきた。

　日本メーカーが海外に工場を出す場合、日本国内の工場をマザー工場とするので工作機械や原材料、備品などは日本工場と同じものを使う。当然、多くの日本メーカーが海外工場で使用する金属加工油剤はユシロ化学のものだ。機械と金属加工油剤の相性は重要なので、自動車メーカーは簡単に金属加工油剤を変更しない。

　同社の全売上高のうち自動車用途が約8割を占め、そのほとんどは日系自動車メーカー向けだ。さらに成長するためには非日系企業への拡販と非自動車用分野への参入を推進しなければならない。

２０１８年、同社は米国の同業企業クオリケム社を買収した。クオリケム社の販売網を活用して自動車向け金属加工油剤を日系以外の顧客に販売するほか、航空機産業など非自動車分野の市場開拓も進めている。

同社は金属加工油剤に加えて、自己修復性ポリマーゲルや自己修復性エラストマーといった新素材を作る技術も有する。自己修復性を持つ塗料やフィルムなどはすでに実用化されているが、実は凹みが元にもどるだけで切断傷は修復されない。しかし、同社の自己修復性ポリマーゲル・エラストマーは切断されても再接触させれば傷が治るというもので、今までにはない全く新しい素材だ。自己修復性だけではなく、高伸縮性と長期間（数カ月）でも初期状態を維持できる耐乾燥性にも優れている。

同社ではさまざまな企業にサンプル提供して用途を模索しており、手術訓練用の臓器モデルなどへの採用が期待されている。

グローバルニッチトップ（GNT）企業

フコク	5185	新車用ワイパーブレードラバーの国内シェア90%超、世界シェアは50%超。自動車向け以外も製造
東洋合成工業	4970	半導体用フォトレジストの主要原料の感光性材料を製造。世界シェアは約50%でさらに上昇傾向
ナベル	非上場	国内初の鶏卵向け「自動洗浄選別包装装置」を開発。国内シェアは80%。世界約69カ国で販売
古野電気	6814	1948年に世界で初めて魚群探知機の実用化に成功。商船向けレーダーの世界シェアは40%超
オプテックスグループ	6914	自動ドアセンサーの世界シェア30%。屋外用の侵入検知センサーの世界シェアは40%
白鳳堂	非上場	高級化粧筆の世界シェアトップ。国内外の主要化粧品メーカーへOEMで高級化粧筆を納入
大同工業	6373	オートバイ用ドライブチェーンで世界シェア約50%。「いす式階段昇降機」でも高シェアを誇る
カンケンテクノ	非上場	環境装置メーカーで、半導体製造排ガス除害装置の国内シェアは40%、世界シェアは20%を誇る
帝国製薬	非上場	1848年創業の医薬品メーカー。医療用バップ剤の世界シェアは約30%でトップクラス
フタムラ化学	非上場	木材を原料としたセルロースの世界シェアは70%超。自然由来材料を100%使用した不織布も生産
三州産業	非上場	果物の検疫時に使用される「蒸熱処理装置」で世界シェア40～50%。ODA活用して世界展開
福井製作所	非上場	LNG（液化天然ガス）運搬船用の安全弁で世界シェア90%。超低温、超高温に対応可能
イシダ	非上場	生鮮食品の計量・包装・印字ラベル貼りを自動で行う機械で国内シェア60%、世界シェア40%
太平洋工業	7250	タイヤバルブのトップ企業。シェアは国内100%、世界50%超。タイヤ空気圧監視システムに注力
ユシロ化学工業	5013	金属加工油剤の国内シェア40%で首位。自動車向け比率が高いが、航空機向けも強化。

参考文献

・『東京一極集中が日本を救う』市川宏雄著（ディスカヴァー・トゥエンティワン、2015年）
・『万博&カジノ・リゾートで街・暮らし・交通網が激変する！ 2025年 大阪・関西圏 未来予想図』（洋泉社MOOK、2019年）

［著者プロフィール］

田宮 寛之（たみや・ひろゆき）

経済ジャーナリスト、東洋経済新報社編集局編集委員、明治大学講師（学部間共通総合講座）、拓殖大学客員教授（商学部・政経学部）。

東京都出身。明治大学経営学部卒業後、日本経済新聞グループのラジオたんぱ（現・ラジオ日経）に入社。株式、債券、為替など金融マーケット取材を担当。１９９１年に退社。米国ウィスコンシン州ワパン高校教員を経て１９９３年東洋経済新報社に入社。企業情報部や金融証券部、名古屋支社で記者として活動した後、『週刊東洋経済』編集部デスクとなる。

２００７年、株式雑誌の『オール投資』編集長に就任。２００９年、就職・採用・人事などの情報を配信する「東洋経済ＨＲオンライン」を立ち上げて編集長となる。これまで取材してきた業界は自動車、生保、損保、証券、食品、住宅、百貨店、スーパー、コンビニエンスストア、外食、化学など。『週刊東洋経済』デスク時代は特集面を担当し、マクロ経済からミクロ経済まで様々な題材を取り上げた。

最近は学生の就職活動に関する執筆や情報配信、講演が多くなっている。２０１４年に「就職四季報プラスワン」編集長を兼務。２０１６年から現職。

著書も多数。最近のヒット作は『みんなが知らない超優良企業』（講談社＋α新書、２０１６年）。『無名でもすごい超優良企業』（講談社＋α新書、２０１７年）。

リニア開通――そして、その先へ

2027 日本《にほん》を変《か》えるすごい会社《かいしゃ》

二〇二一年（令和三年）九月十六日　初版第一刷発行
二〇二一年（令和三年）九月二十八日　初版第二刷発行

著　者　田宮 寛之

発行者　石井 悟
発行所　株式会社自由国民社
　　　　東京都豊島区高田三―一〇―一一　〒一七一―〇〇三三
　　　　電話〇三―六二三三―〇七八一（代表）
造　本　JK
印刷所　株式会社光邦
製本所　新風製本株式会社